“仕事で損をしない人”になるための48の行動改善

長谷川孝幸

同文舘出版

はじめに
――失敗は思いもよらぬところに潜む

能力も意欲も高いのに、正当な評価を受けていない人

私は平成十一年から企業の管理職、新人、内定者の人たちの講師をさせていただいています。また中央官庁、地方公共団体、各種法人、公的機関の職員、医療機関や教育機関の従事者、士業や個人事業者の方々、あるいは学生や主婦の方などの研修やセミナーもさせていただいています。平成二十五年一月の時点で、私が直接指導させていただいた方は、おかげさまで延べ一万五千名を超えました。

受講者の中には、「優秀だなぁ」と感心する方を多々見受けます。しかし、その三分の一の人は、外見からはそう見えないのです。「頭が悪そう」というのではありません。何となく積極性が感じられず、第一印象では凡庸に見えてしまうのです。

また、私が講師として見て「優秀な人だな」と感じても、社内や取引先などから「優秀だ」と評価されていない人も多くいます。「職場での人間関係がよくない」「自分は好かれていないような気がする」と訴える受講者も三分の一くらいいます。

厳しいようですが、私は仕事、あるいは組織で求められる能力が発揮できない人、あるいはその能力を身につける努力をしていない人は、職場で冷遇されても仕方ないと思っています。また心が狭い、人に対して意地悪、僻《ひが》みや嫉《そね》みが強い、というような人も、職業人としては問題だと思います。能力、努力、心根が充分でない人はプロとして問題があります。

しかし、本人に悪気がなかったり、実際は力があり、心がきれいなのに正当に評価されていない人は気の毒です。そこで本書では、

◉なぜか職場で誤解されてしまう人

◉本当はいい人なのにそう見られない人

がどうして発生してしまうのか、そんな人が正当に評価されるためには、どのような行動を意識すべきかをまとめました。

新入社員や若手の職業人はもちろん、中堅やベテランといわれる方、管理職、上席者の方々にも気をつけてもらいたいことを列挙しています。

「中身を磨く」のも大事ですが、正当に評価されていない人は、ほぼ百％「見た目」で損をしています。まず行動を変えなければ、周囲の評価は変わらないのです。

カタチから入るのが正しい

人は人を「見た目」で判断します。「人間、見た目じゃない、中身だ」「人を見た目で判断してはいけない」と言いますが、それでも見た目で判断されます。

「腹黒い」と周りから思われている人がいるとします。その人はなぜ腹黒いと思われているのでしょうか。周りがその人の心の中を読み、「腹黒い!」と見抜くのではありません。たとえば人の陰口を言う、手抜きをする、自分の都合がいいようにルールを変える、といった行動が見受けられるから腹黒いと判断されているのです。

「やる気がある」と言われる人は、「やる気がある」と周囲の人から見なされる行動を常にとっている人」なのです。「感じがいい」と思われる人は、「感じがいい」と周囲が思うような振舞いを続けている人」なのです。心の問題ではないのです。

もともと能力がある、意欲がある、気持ちがきれいだという人は、内面をさらに向上させるとともに、見た目の美しさを磨くということをしなければ、損をしてしまうのです。人に見せるカタチの作り方を覚えましょう。そして実践し継続しましょう。そうすれば、あなたの職業人としての人生は確実に豊かなものになります。

「行動四原則」で誰もが正当にトクをする

「行動四原則」とは、人材教育研究者であり、社員研修を行なうアイウィルを主宰する、染谷和巳先生が提唱している行動改善法です。私は染谷先生の下で実績を積ませてもらいましたが、どんな職場でも、どんな人にもこの「行動四原則」は有用であると確信しています。

一．大きな声で
二．きびきび行動
三．自分から挨拶
四．明るい笑顔

これが行動四原則です。本書では行動四原則をさらに四十八に細分化し、その背景と実践の仕方を解説しています。巻末では、改善が継続するための方策もお伝えします。

本書は、行動四原則を実践しないことによる〝不毛な損〟についても列挙しています。これらは現時点では、読者の多くの人には当てはまらないかもしれません。しかし、油断するとこういう損をしてしまうということは覚えておいてください。

また本書では、多くの読者にとって「厳しい」表現もあえて使っています。これは「そのくらい周囲の誤解は怖ろしい」ということをご理解いただきたいからです。これらのことを他人事と思わず、「わがこと」として感じていただければ幸いです。

平成二十五年二月

風土刷新コンサルタント　長谷川孝幸

目次◉〝仕事で損をしない人〟になるための48の行動改善

1章「大きな声で」

2章 「きびきび行動」

3章 「自分から挨拶」

4章 「明るい笑顔」

カバー・本文デザイン◉高橋明香（おかっぱ製作所）
本文DTP◉萩原印刷

1章

「大きな声で」

1 聞こえる声を出す
——あなたの声は聞こえていない

日本人の四人に一人は聞こえにくい

実は私は、十代の頃から右耳が少し聞こえにくいのです。補聴器をつけるほどではありませんが、人の話や物音が聞き取れないときがあります。補聴器関連メーカーの推計では、日本の補聴器着用人口は四百万人から五百万人程度、私のような装着一歩手前の人が同じくらいいると言われています。

高齢で聞こえにくい人、先天的に聞こえにくい人、騒音や振動などに囲まれていて耳自体には異常がないけれども聞こえにくい人などの潜在人口を含めると、およそ三千万人は「聞こえにくい人」がいると試算されます。

日本の人口は一億二千万人ですから、単純計算で四人に一人は聞こえにくいのです。これは平均ですから、たとえば高齢者比率の高い地域とか、機械がワンワン音を立てている工場や工事現場で働いている人などではもっと比率が高いでしょう。そのくらい、話が聞こえていない人がいるのです。

「四人に一人、聞こえにくいといっても、残りの三人は聞こえているだろう」と思う人もいるでしょう。しかし、仕事上で二五％の人に自分の話が充分に伝わっていない可能性があるというのは、見過ごしにできません。

人の話が聞こえにくい人というのは、はたから見てわかりにくいものです。ですから多くの人は、聞こえにくい人に配慮ができていません。私自身、人の話が聞き取りにくいので、「配慮がない人が多い」と思います。もう少しはっきり話してくれれば、もう少し大きな声を出してもらえれば、もう少しゆっくり話してもらえればちゃんと聞こえるのに、と思うことがよくあります。

聞こえない声を聞き取ろうとするのは、労力が要るものです。なかなか聞こえないとイライラしますから、精神的にも負担です。話をしている相手の人に、悪気はないのはよくわかっています。しかし、聞こえるように話してくれない人は、やはり「残念な人」だと思います。「この人にはサービスマインドが足りないな」と思います。

人間の耳というのは、欲しい情報に意識的に集中することで聞こえるようにできています。混雑したスタンドバーや居酒屋でうるさくても、耳を澄ませば隣の話し声を聞き取れるのがその例です。逆に言えば、意識しなければ聞き流してしまうのです。ボーッとしていると、人の話の内容が頭に入らないのはこれが理由です。

相手があなたに関心を持ち、あなたの話を聞こうとしてくれているのであれば、あなたの声は相手に届くでしょう。しかし、相手があなたに、もしくはあなたの話にさほど興味がない場合は、相手の耳に届くような声を出さないと聞こえないのです。聴力に問題がなくても、あなたの声は相手の耳に届かないのです。

立派なことを話しても、相手に聞こえていなければ無益

あなたは仕事中に周囲の人と話をするでしょう。上席者への報告であったり、同僚や部下・後輩への依頼、指示、相談、確認、雑談など、さまざまな場面が想像できます。あるいはお客様との商談、打合わせ、会食、取引先でのプレゼン、会議などもあるでしょう。電話で話すこともあるはずです。

そういう場面では内容を吟味し、いいことを言おうと努力をするものです。しかし、どんなにいい話をしても、相手に聞こえなければ何の意味もありません。

学生時代、ある分野の権威と言われる先生の講義が、マイクを通しても聞き取れなくて、さっぱりわからなかったことがあります。結局、前のほうに座っても聞こえないので諦めました。もちろん、その先生に悪気はなく、きちんと話しておられたのでしょう。しかし、聞こえないものは聞こえないのですから、残念ながら役には立ちません。

声を張り上げる必要はありませんが、仕事をする上では、「相手に聞こえる」ことが大前提です。それが「内容がわかる」ことにつながります。では、どうすればいいのでしょうか。

まず、どちらの腕でもいいので水平に伸ばします。伸ばした腕の手のひらを顔のほうに向けます。そしてその手のひらに息を吹きかけるように「アイウエオ！」と声を出します。

このときに怒鳴っても叫んでも、声が腹から出ていないと手のひらに息はぶつかりません。何度か意識してやってみると、手のひらに息が当たっているのを感じられるようになります。

腕を伸ばしたときの手の先端あたりの位置は、人と話をするときに最低限、声が届かなければならない距離です（仕事中にこれより短い距離で話をすることはまずないはずです）。**「腕を伸ばして手のひらに息をぶつけるようにイメージして話す」**。これを日頃から意識するだけで、あなたの声はしっかり聞こえるようになります。

いくらあなたがいい提案をしても、聞こえない声であれば、人に聞いてもらうことはできません。ということは、あなたの話に関心を持ってもらえません。もし、声が聞こえなくてあなたが評価されないのだとしたら、実にもったいないことです。

人に聞こえる声を出しましょう。そのためにはあなたが、**「これでよし」と思う最低二倍**は意識して声を出さなければなりません。コミュニケーションのテクニックをどんなに駆使しても、声が聞こえなければあなたのコミュニケーションは及第とは言えません。

［改善］2

強い声を出す

――声が弱いからあなたは信用されない

声はやる気と自信の現われ

声が弱い人は、頼りなく感じられます。印象が弱々しく、発する言葉が弱く聞こえるから頼りないのです。ですから、同じことを話していても、声が弱い人が話すと説得力がありません。逆に、声が強い人は何となく頼りがいがあるように感じられます。なぜかと言えば、声が強い人にはやる気と自信が感じられるからです。これは、理屈ではありません。

やる気と自信とは、「この人で大丈夫だと思わせる力」です。どんなに能力や知識、技術があっても、やる気が感じられない人に仕事を任せたいとは思わないものです。賢いけれどやる気がない人（そう見える人）と多少おっちょこちょいでもやる気がある人（そう見える人）であれば、やる気がある人に仕事を頼みたくなります。自信も同様です。生意気、不遜、図々しい、身のほど知らずは困りますが、あまりにもオドオドしていたり、後ろ向きな様子が感じられる人には仕事を頼めません。

「この人で大丈夫だ」と思われるから仕事を任されるのです。能力や実績がはっきりと認知されていれば、それらが判断基準になりますが、力が同等、あるいは未知数である場合は、大丈夫そうな感じがする人に仕事は回ってきます。

いくら力があっても、仕事が回ってこなければ成果の出しようがありません。逆に多少力不足であっても、チャンスが多ければ成果をあげる可能性が出てきます。「この人で大丈夫だと思わせる力」イコール「儲けを呼ぶ力」なのです。

強い声を出すと儲けがやって来るのは何も個人だけではありません。強い声を出せる人がいる集団には活気が生まれ、「大丈夫そうな人たちの組織」と認識されます。一人ひとりがいざというときにきちんと強い声が出せる組織に儲けはやって来ます。これを整理すると次のようになります。

強い声はやる気と自信を他者に感じさせる→やる気と自信とは「この人で大丈夫だと思わせる力」である→「この人で大丈夫だと思われる人」に仕事はやって来る→強い声を出せる人には仕事がやって来る→強い声は儲けを呼ぶ

私たちは、他人様からお金をいただいて生きているのですから、儲けを呼び続けなければ暮らしていけません。強い声を出すということは、生きていくための手段と言えます。

強い声と弱い声は「三センチの差」

「強い声」とは、怒鳴ったり、叫んだりすることではありません。しっかり舌と喉を使わずに喚くのは乱暴なだけで、強い声とは言いません。

音量としては大きくなくても、力強く話すことができる人がいます。そして、そういう人の話し方には説得力があります。では、何が違うのか。「三センチの差」だけなのです。

声が弱々しい人は、共通して口の中に声がこもっています。唇の内側で声が停滞している、いわゆる「モゴモゴしゃべっている人」です。声を強く出すためには、舌の付け根に力を入れて、舌全体で、発する言葉を**唇の外側三センチの位置**に押し出すように意識して話します。三センチの位置というのは、思いっきり唇を突き出した位置だと思えばいいでしょう。

このように舌の付け根、つまり口の奥のほうに力を入れて声を出すと、自然と喉に力が入ります。これができれば第二段階です。首周り全体を使って言葉を押し出すように話します。もうこの段階で、かなり声は強くなっていますが、この話し方を続けると喉を傷めます。

「唇の外三センチ前」をさらに意識すると、しだいに胃の下あたり、さらに下がってへその下に力が入って来るようになります。この位置を昔から臍下丹田（せいかたんでん）と言い、呼吸の源となるツボとされています。いわゆる「腹から声を出す」というのは、この**臍**

下丹田に力を入れて話をすることなのです。

しかし、いきなり臍下丹田を意識できる人はあまりいません。まずは、**舌の付け根**を意識して力を入れてみるのです。するとしだいに声を出すときに力を入れるところが下に降りていき、臍下丹田に到達するようになります。

これは、どれだけ意識して続けるかにもよりますが、遅い人でも一週間で臍下丹田に力を入れられるようになります。

臍下丹田に力を入れ、唇の先三センチに言葉を押し出すようにして声を出す。それが継続できるようになったとき、あなたの声は強くしっかりしたものになります。

改善1では「声を遠くに飛ばすようにして、よく聞こえるように発声する」ことを意識すると言いました。これを実行すると、「相手に聞こえない」ということがなくなります。しかし、聞こえるだけではようやくスタートラインに立ったレベルです。

さらに、人から信用されたいと思うなら、やる気と自信を周囲に認識させなければなりません。そのためには、強い声を出しましょう。**声の強さは、やる気と自信の目安**です。声を強くすれば、やる気と自信を表わすことができます。そして「この人で大丈夫だ」と感じさせることで、仕事が回ってくるのです。

［改善］

3 明るい声を出す

——声が暗い人には仕事もお金も来ない

声が暗いと能力が低く見える

「明るい」というのは、うれしい、楽しい、面白い、好き、気分がいいというプラスのイメージを表わした状態です。一方、「暗い」というのは、つまらない、悲しい、意欲が湧かない、嫌い、不快というマイナスの状態です。

明るい状態でいるためには、自分の中で問題解決ができていなければなりません。

仕事がうまくいかない
やり残しが溜まっている
能力不足、技術不足で仕事が難しい
意欲がなくて仕事が停滞する
発想が硬直的で改善が進まない
気持ちが後ろ向きで、自分の感情をコントロールすることができない
人間関係をうまく作れない

このような状態では、明るく振舞うことはできません。それどころか、暗い人は解決能力が低い人、あるいは著しく意欲が足りない人と見なされてしまうのです。
そんな状態ではないとしても、そう見えるのですから仕方がありません。
暗い人は相手を不快にし、周囲を困惑させます。本人には自覚がないとしても、周囲の人にしてみれば暗い人からはマイナスのエネルギーを感じ、対応に困ってしまうのです。だから仕事を任せたくないのです。
明るい人というのは、
仕事がうまくいっている
やり残しがなく、さっぱりしている
能力も技術も充分で、仕事を難なくこなせる
意欲があるから仕事がどんどん進む
発想が柔軟で、改善が継続的である
気持ちが前向きで、自分の感情をプラスにできる
人間関係をうまく作れる
と見なされます。こういう人とは一緒に仕事をしても楽しく、そもそも手間がかかりませんから助かります。だから、明るい人には仕事が回って来て、結果としてお金も入ってきます。

暗い人はその逆です。あなたに周りの人が注目しない、あなたに重要な仕事が回ってこないとしたら、あなたが暗く見えるからかもしれません。

あなたは明るく振舞っているでしょうか？　明るい人に見られているでしょうか？　そう見られるためには、まずは声から変えてみることです。明るい声を出しましょう。

上顎を突きぬけ、鼻に当たるように発声する

明るい声というのは、**やや高めの軽やかな声**です。低い声でも高めに出すことで明るい声になります。

そのためには改善2でやったように、言葉を唇の三センチ外側に押し出すようにしますが、さらに**上顎に息をぶつけるようにする**と声は高めになります。より高めに出す場合には、上顎を突き抜け、鼻に息が当たるように発声します。

特に電話で話すときやマイクを使って話すときは、声を高めに出すことを意識しましょう。受話器やマイクの性能は年々向上していますが、人間の耳には基本的に電気を通した声は聞こえにくいのです。ですから、電話機やマイクを通した声は生の声より聞こえにくいのです。特に低めの音域の声は聞き取りにくくなります。電話やマイクで話すときは、意識して高めの声を出すと相手に親切です。

よく、中高年の女性で、電話になると高めの声で「もしもしぃ」と話す人を見掛けますが、実はこれは理にかなったことなのです。電話で話していて聞き返されることが多い人は、声を高めに出すことでスムーズに話がつながり、印象もよくなります。

電話の相手がうるさい現場や出先などにいて、話が聞き取りにくいと思われるときは、より高めに声を出してあげるといいでしょう。そうでないと話が聞こえにくいだけでなく、対面で話しているときよりも、あなたが暗い声を出しているように感じられてしまいます。

電話は、顔が見えませんから**声だけで判断**されます。あなたがもし笑顔だったとしても、声が暗ければ暗い人ととられてしまいます。

「自分はもともと声が高いから、普通に話していても明るくなる」というのは間違いです。声自体が高くても、出し方が正しくなければ明るくは聞こえません。むしろキャンキャンした聞き苦しい声と感じられてしまいます。

また「高い声を出す」というのも違います。特に地声が低い男性が、無理して高い声を出すと裏声になってしまいます。

あくまでも「高い声を出す」のではなく、「高めに声を出す」ということを忘れないでください。上顎に息をぶつけるようにすると声が明るくなるだけでなく、改善2で述べたように、臍下丹田に力が入るので自然と強い声になります。

［改善］

4 聞き取れる声を出す

——声と発音をセットで磨く

発音が悪い人はコミュニケーションが成立していない

関東地方の、ある市役所職員の上田さんは、土木課に勤務しています。普段は内勤ですが、調査や現場確認、工事監査などで屋外で仕事をすることも少なくありません。

上田さんは声が大きくありません。それだけではなく、発音も明瞭ではありません。職場でも家庭でも、「何？　もう一回言って？」と聞き返されることが頻繁にあります。

特に、道路沿いの現場などでは車の往来が激しいので、声を張らないとかき消されてしまいます。上田さんも自分の声が小さいというのはわかっているので、意識して声を張ります。それでも相手には、「聞こえない！　何？」と言われてしまいます。

内勤のとき、現場に出ている上司や同僚に電話をすることがあります。相手は野外ですから電話が聞き取りにくいのです。「何？　上田君、何だって？」と聞き返されます。上田さんは声を大きくします。「ですから！」——しかし相手には聞き取れません。「ちょっと、もっとはっきり言って！」。

この上田さんが私の研修に参加されました。「頑張って声を出そうとしているんですけど、聞こえないって言われちゃうんです」という上田さんの言葉は、たしかに私には聞こえにくい。明らかに口の開け方が狭くて、音が口の中に籠ってしまっているのです。

一方、家電量販店の販売員の松島さんは、女性ながら声が大きくて元気です。しかし、売場で接客をしていても、お客様に何度も聞き返されます。松島さんはもっと声を張りますが、言葉が聞き取れません。そのうちマネージャーが飛んで来て、「うるさい！　他のお客様に迷惑だ！」と叱られてしまうのです。

上田さんも松島さんも、声を出そうとしているのはいいことです。しかし、**声が大きくても言葉が不明瞭だと、かえって相手には聞き取りにくい**のです。そればかりか、不明瞭な発音で声を張ると、ただうるさいとしか感じられないのです。

上司に情報の内容も伝わらない、お客様に接遇の心も伝わらない――こういう人たちは、残念ながらコミュニケーションが成立していないのです。

口を大きく速く開け閉めする

言葉を明瞭にするには発音練習をするのが一番です。

アナウンサーなどの職業話者はもちろん、接客や販売を生業《なりわい》とする人で発音練習をしている人はたくさんいます。ところが、同じ人と接する商売なのに、企業の営業職や役所の窓口の人で発音練習をしている人はあまりいません。まして事務職や開発職の人などは、話すということそのものに意識的でない人が多いようです。

離れ小島でロビンソン・クルーソーのように暮らすというのでなければ、私たちはどんな職種であっても、人と話をしなければ生きていけません。そのために発声練習は不可欠です。発音練習は以下のように行ないます。

A．アイウエオ→イウエオア→ウエオアイ→エオアイウ→オアイウエ
カキクケコ→キクケコカ→クケコカキ→ケコカキク→コカキクケ
サシスセソ→シスセソサ→スセソサシ→セソサシス→ソサシスセ

これを、まずは噛まずに滑らかに読めるようになるまで練習します。

ひと通り正確に読めるようになったら、今度は見ないで言えるように練習します。速さの目安は、「アイウエオ」から「ソサシスセ」までが明瞭に十二秒以内で言えるようになればいいでしょう。

最初のうちはなかなかできないかもしれませんが、毎日十回練習すれば一週間でできるようになります。朝晩一セット十回ずつ練習すれば三日で慣れます。

「アイウエオ・イウエオア・ウエオアイ…」と五音ずつ区切ると言いやすいでしょう。

B. ジャズ歌手　シャンソン歌手　新人ジャズ歌手　新人シャンソン歌手

セリフ自体はシンプルですが、これを「ジャジュ」とか「サンション」とならないように正確に言える人はなかなかいません。正しく言えるようになるまで練習しましょう。また言えるようになっても、毎日五回は練習しましょう。

この早口言葉で、特に電話やマイクで話すときの言葉が聞き取りやすくなります。内勤の方でも、電話をよく使う人はしっかり練習しましょう。

C. 東京特許許可局長　今日急遽　特許許可却下

これも同様に噛まないで言えるように練習しましょう。ちなみにこれは、話しているうちにだんだん声のトーンが落ちていってしまう人が、安定的に声を明瞭に出し続けれらるようになるために特に効果的です。

しっかりした声としっかりした発音はセットで身につけましょう。

［改善］

5 叫ぶ、怒鳴るはいけない
──叫ばずに、しかし大きな声で

叫ぶ、怒鳴るは非日常

「大きな声を出しましょう」と言うと、慣れていない人は叫んだり、あるいは怒鳴るようになってしまいがちです。しかし、叫ぶとか怒鳴るという場面は、日常の生活の中で頻繁にあるものではありません。

建設現場や工場などで、重機の落下や機械の異常などがあって「あぶなーい！」と声を出さなければならないときは、目一杯叫ばなければなりませんが、日常的に叫ばなければならない職場は、職場環境に問題があります。叫ぶというのは火事場のような非常時の行動です。怒鳴ることも同様です。部下、後輩など、自分が面倒を見て指導する相手に対しては、言うべきことは言わなければなりません。場合によっては、厳しく叱責しなければならないこともあります。しかし、それは当然のことですが、怒鳴らなければならなくなる前に問題解決するというのが、正しい上席者のあり方です。

ガソリンスタンドの店舗マネージャーの河野さんはアルバイトから正社員になり、叩き上げでマネージャーになった人です。動きも速いし目端も利くし、声もよく通り、三十を過ぎたばかりですが、非常に好ましい人物です。

河野さんの店舗には高校生や大学生のアルバイトが入ってきます。河野さんは自分がやってきたこと、会社のルールで決まっていることなどを丁寧に教え、実行させます。

ところが、なかなか上手に教えられないのが声出しです。河野さん自身は声が出る人なので、普通に「いらっしゃいませ!」と明瞭にさわやかに声を張れます。しかし、河野さんは自分が自然にできるので、どうやって若いスタッフの声を大きく出せるようにしたらいいのかを教えられないのです。「もっと声を出せ!」と言うと、若いスタッフは叫んでしまいます。その結果、乱暴で、つっけんどんな感じになってしまうのです。

近年は原油価格が高騰しているのに、ガソリンスタンド業界は価格競争が激化し、喰うか喰われるかの状態です。その中で勝ち残るにはスタッフの人間的魅力に頼るしかありません。せっかく頑張って声を張っても、お客様に不快に聞こえるようではもったいないことです。

そんな中、河野さんは私の接遇研修のクラスに参加されました。

歌うように滑らかに声を出す

発声・発音のトレーニングをしていない人が声を張ると、「喚いている」ように聞こえてしまいます。単にうるさいだけなのです。実はガソリンスタンド、建設現場、工事現場、稼働中の工場などでよく通る声を出している人は、自覚はしていないかもしれませんが、叫んでいるのではなく**歌っているときと同じ発声**をしているのです。

歌っているときの発声というのは、子音を明瞭にしつつ母音を伸ばすように意識します。「夕焼け小焼けの　赤とんぼ」、これにメロディをつけて歌うと、「ゆーうやぁけこぉやけぇのぉ～あぁかとぉーんぼぉー」となります。

これを、野外やうるさいところでの挨拶に置き換えると、「いらっしゃいませ！」ではなく「いらぁっしゃいませぇー！」、「ありがとうございました！」は「ありがぁとぉございましたぁー！」となるわけです。

さらに、語頭を強く発声することが大事です。「ありがとう**ございます！**」ではなく、「**ありがとう**ございます！」と、語頭をより明瞭にすると大きな声でも乱暴に聞こえなくなります。「ありがとう**ございます**」と語尾を強く言うことを「ケツ上がり」と言いますが、これは〝幼く聞こえる〟、〝内容がわかりにくい〟、〝いやいや言っているように感じられる〟といった難点があります。もちろん語尾をぼやかすのはいけませんが、語頭が不明瞭だと私のような「聞こえにくい人」には聞き取りにくいのです。そして、語頭を不明瞭にして声を張ろうとすると「ありがとうございます」が「あざぁーす」、「いらっしゃいませ」が「しゃっせぇー」になってしまうのです。

河野さんにはこのような指摘をし、「母音をはっきりさせる」「語頭をくっきり言わせる」の二点を集中してトレーニングするように伝えました。河野さん自身は自然にこれらができている人ですから、河野さんの店のスタッフは、声がすぐによく出るようになりました。

「怒鳴る」というのも同じやり方で防止できます。高齢者施設で介護の仕事をしている福島さんは、耳の遠いお年寄りにはっきり聞こえるように声を張って接していましたが、先輩から、「福島さんはときどき怒鳴ったような声を出すから、怖がってる人もいるよ」と注意されました。自分ではよかれと思って声を張っていたのに、そのように感じられるということで、福島さんは悩みました。

福島さんの話し方を聞いてみると、子音を協調するのはいいのですが、母音が不明瞭でした。そのため、改善4の発音練習を徹底してやっていただきました。

また、人の名前を呼ぶときに「**○○**さーん！」ではなく「○○**さーん**！」と言うクセがありました。これも語頭をもっとはっきりさせるように指導しました。半年後、福島さんに会いましたが、周囲から「怒鳴っている」と言われることはなくなったようです。

せっかく声を出すのなら、ただ聞こえるだけでなく、**心地よく聞こえる**ということを意識しないと、あなたは無駄な損をしていることになるのです。

［改善］

6 声を嗄らさない
――何時間しゃべっても頼もしい声を

接遇にムラがあってはならない

市役所の市民課に勤務する木村さんは、窓口で戸籍謄本や住民票、各種証明書を発行する業務をしています。

この市では、「住民満足度を向上させるにはまず市役所の接遇から」ということで、職員の利用者応接に意識的に取り組んでいます。木村さんも窓口ではさわやかに笑い、「おはようございます！」「ごくろうさまでした！」と、声を張って市民に応対するようにしています。

木村さんは地声が大きいほうではありませんでしたから、当初はなかなか声が出ず、また照れや抵抗もありましたが、市役所のCS向上は大事なことだと思って、頑張って声を出すように努めました。

午前中は何とか声をはっきり出すことができるのですが、午後も二時、三時となってくると、自分でもわかるくらい声が落ちてきてしまいます。そして四時、五時を回る頃には明らかに声が出なくなります。それでクレームになったことはありませんが、木村さんは「ちゃんと夕方まで声が出るようにならないといけないな」と感じています。

有名な漁港の街の海産物販売店に勤めている寺田さんは、朝早くから日が暮れるまで売場に立って呼び声を上げています。テレビでも何度も紹介された店で、平日も来客は多いのですが、休日ともなると観光バスが何台も連なって来るので、戦場のような大騒ぎです。「鮮魚」というくらいですから、海産物屋のお姉さんの声が弱々しいわけにはいきません。「どうぞぉ〜！　ご利用！　ご利用！」と叫んでいます。

ところが、これが数日続くと声が出なくなってきます。声が出ない日は店長や同僚から、「声が出てないよ！」と注意されます。また、お客様からも「お姉ちゃん、声かすれちゃってるねぇ」と言われてしまいます。出ない声を無理やり出そうとするのでくたびれてしまい、動きも鈍くなって表情も険しくなりがちです。

寺田さんも、お客様からクレームを受けたことはありませんが、〝接客態度が日や時間によってムラがあるのは客商売としていいことではない〞と気にしています。好調のときはいいけれども、もし不調なときに当たったお客様に、不快な思いをさせてしまったら会社の信用に関わるし、お客様にも申し訳ないと思っています。

そんな木村さんも寺田さんも、私が研修を担当させていただきました。こういう日常の瑣《さ》事《じ》を大事にしようとする人の存在は、私たちのような仕事をする者には非常に励みになります。何とかいい声を出し続けられるようにしてあげたいと思いました。

息の吸い方と吐き方を覚える

私はしゃべることを生業にしていますが、実は幼い頃からひどい喘息の持病があります。今は年に一度か二度くらい、数日咳が抜けないことがあるくらいですが、かなり大きくなるまでしゃべることが苦痛でした。人前で話すのが苦手とか気後れするというのではなく、会話を続けること自体が苦しかったのです。

そんなわけで、小さい頃から呼吸を意識的に行なう工夫をしていました。というより、呼吸の仕方を覚えていなければ喘息の発作が起きたときにどうしようもなかったのです。

話をスムーズにできるようにするためには、**息を深く吸うこと**が大事です。お腹全体を大きなビニール袋だとイメージして、**袋を膨らませるように息を吸い込みます。**コンビニのレジ袋ではなく、ゴミ出しに使うような、できるだけ大きな袋をイメージしてください。そして、吸い込んだ息を胃のあたりを意識して調整しながら吐き出します。いっぺんに吐き出すのではなく、**少しずつ、膨らませた袋を押すように**して徐々に出します。

この息の吸い方、吐き方が自然にできるようになれば、声が出なくなってきたなと感じたときにも声を落とさずに話し続けられるようになります。

また、よく言葉を「噛んで」しまう人も、この呼吸の仕方を練習するといいでしょう。言葉を噛んでしまうのは発音練習ができていなくて、口を開閉させるための筋肉の動きが鈍っているからです。しかし発音練習をしても、呼吸の仕方が上手でないと、時間が経つにつれて、滑らかに話すことが苦痛になってきます。楽な呼吸の仕方に慣れてしまえば、朝から夜まで話していても言葉を噛まなくなってきます。

さて、木村さんと寺田さんはどうなったでしょうか。

木村さんは生涯学習課に異動になり、市の体育施設の管理運営をしています。子供から高齢者まで、毎日多くの人たちに声かけをしていますが、この呼吸法を身につけてからは、夕方でも夜になっても苦にならずに声が出ていると言います。

寺田さんの街は、東日本大震災で壊滅的な被害を受けました。寺田さんの勤める店も震災から半年以上商売ができませんでした。ようやく店が復旧して、開店した日から、寺田さんは声を張り続けています。毎月十一日の午後二時四十六分に街には汽笛が鳴り、みんなで黙祷をします。そのときは涙が出てきます。汽笛が止まって黙祷が終わると、また寺田さんは気持ちを切りかえて明るく声を張り続けます。

声を出せることは幸せなことです。よい接遇ができるということはもちろんですが、声を出せることは元気に生きている証左なのです。

［改善］

7 若い社員は声を張れ

——まずは、それで上に勝たなきゃ

なぜ、企業は若い社員を採用するのか

普段から私は研修で、「声を大きく」ということを訴えています。ことに新入社員研修のときには、「とにかく元気に声を張りなさい」と重ねて伝えます。

企業がなぜ若い社員を採用するのか。「人員補充のため」、「組織の将来を見据えて」、「社員の年齢構成を若くするため」などいろいろな理由がありますが、企業が一番期待しているのは**「組織に新しい風を吹き込んでくれること」**です。

単なる人員補充であれば、優秀な人物を中途入社で迎えるほうが即戦力になります。それでも若い人を採ろうというのは、**風土刷新のきっかけ**となって欲しいからです。

優秀なメンバーが揃っている強力な集団であっても、人間関係が好ましいフレンドリーな集団であっても、風土刷新のきっかけがないと澱んでいきます。「マンネリ」というような軽い言葉ですんでいるうちはいいですが、一度澱んでしまった風土はなかなか回復できなくなります。そうならないために、新しいメンバーを取り込むことが必要です。

そんな期待をされている若手社員が、もし覇気がなくて暗かったら、採用した意義がありません。もともとその組織にいる社員、職員は、目の前の仕事をこなすのに精一杯です。職場の雰囲気が濁りかけていても、なかなか風土の改善にまでは手が回りません。そんなときに、風穴を開けてくれるのが若手社員です。元気で若々しいメンバーが明るく振舞ってくれることで、自然に職場の空気は清々しくなります。

「自分は優秀である（あるいは技術がある・知識がある・有名校出身だ、など）。だから仕事で評価されるべきである」という新人もいます。その心意気は頼もしいことですが、新人にはまだ実績の裏づけがありません。中途入社で、社会人としての経験がある人でも、新たに入った職場での実績は蓄積されていません。

つまり潜在的な能力はあっても、しばらくは元からいる人たちに勝てないのです。業務そのものの成果が蓄積されるまでの期間は、新しいメンバー、若いメンバーは元気に振舞い、風土刷新を体現していかなければなりません。業務の評価が定着するには一定の期間が必要ですが、**元気に振舞い職場を明るくする**のはすぐに実行できることなのですから。

「賢くても暗い」よりは「オッチョコチョイ」のほうがいい

山崎さんは、不動産営業のアポインターをしている女性です。新卒で入社しましたが、新人であることを考慮しても、ミスはする、パソコンには慣れていない、言葉遣いがなっていない、「何で人事はこんな人を採ったんだ」と支店では大騒ぎでした。

そこで、支店長が採用担当者に苦情を言いに行きました。人事総務部長は支店長と同期です。支店長は部長に、「あれはないよ、何であんなの採った?」と率直にたずねました。

部長は答えました。「あの子面白いでしょ? 試験のとき一番声がデカかったのさ。あれはいいカンフルになるよ?」。支店長は、仲間としても人事総務部長を信頼していたし、部長の言わんとするところもわかったのでそのまま支店に戻りました。

支店長は、山崎さんに特別にトレーナーをつけました。電話での言葉遣い、書類や帳票の作成、パソコン操作といった直接的な業務のみならず、お茶の出し方、掃除の仕方、挨拶の仕方まで細かく指導しました。

山崎さんは、「はい! 気をつけます!」と嫌な顔ひとつせず答え、実際に改善をしていきました。山崎さんの「はい! 気をつけます!」は支店中にいつも響きました。

トレーナー役の女性は、「細かい注意をたくさんしなきゃいけないけど、山崎さんは素直だから気持ちがいいわ」と言い、営業員たちも「表から帰ってきて山崎の『お帰りなさーい』が聞こえてくると元気になるなぁ」と言います。支店の空気も変わりはじめました。

山崎さん自身も、指導を喜々として受けていましたから、技術的にも成長しました。もともと声自体はいいので、お客様とのアポもどんどん獲得しました。気持ちのいい、感じのいい営業さんだと評判になり、内勤の山崎さんに商談指名も来るようになりました。他のアポインターも営業員も、ぼんやりしてはいられなくなりました。

二年経ち、山崎さんは営業に転じてバリバリ働いています。支店の業績も、この時代ながら順調です。支店長は人事総務部長と飲む機会がありました。

「山崎はよかったわ。あれは大化けした。最初はどうすりゃいいかと思ったけど」

「いやあ、支店でよく育ててくれたよ。こっちはただ面白がって採用しただけなんだから」

山崎さんの潜在能力を見抜いた部長と、その意図を汲んだ支店長の両方の成果ですが、こういう上司に恵まれるかどうかは、実は若い人の振舞い方によるのです。山崎さんが声を張って元気な人でなければ部長は採用しなかったし、支店長も何とか育てようとは思わず、山崎さんは「その他大勢」として埋もれていくだけだったでしょう。

ちょっと賢いといっても、職歴の浅い若い人の賢さなどはたかが知れています。それよりも、**気持ちのいい元気な人**であることを上席者は求めています。

スキルは後から鍛えればいいことです。しかし、元気がない人を元気な人に鍛え直すのは容易なことではないのです。上席者に認められる、少なくとも目をかけてもらうには、**若い人は声を張る**ことです。声の大きさなら、確実に上司にも勝てるからです。

［改善］

8 上司は声を張りなさい

——声が弱くて成功した指導者はいない

部下は上司の弱みを見ている

「上司は、なぜ部下に指示・命令を出すことができるのか？」——この質問の答えは、「そういうことになっている」というのが正解です。これにはいくつか理由がありますが、「部下の行動に対する結果責任を負う代わりに、上司は部下を動かすことができる」というのが、最もわかりやすいでしょう。

営業課長がある営業員に、「今月五千ケース売ってきなさい」と指示を出す。営業員は頑張りましたが、月末間際になっても三五〇〇ケースしか売れなかった。この「一五〇〇ケース足りない」という事実の責任は誰にあるか。営業課長と営業員の両方にあります。

営業員は上席者の業務命令にしたがうことをミッションとして雇用され、給与を得ています。したがって、営業員には五千ケース売るという「実行責任」があります。一方、営業課長は五千ケースを販売するというミッション達成のために、この営業員を使うという判断をしました。したがって、この時点で営業課長には、営業員の責任を負うという「結果責任」

が発生しています。

部下である営業員が、残り一五〇〇ケースを売り切れなかった。そうしたら、営業課長はどうしなければならないか。本人を叱咤して注文を取って来させる、他の部下に割り振って売らせる、自分も得意先を当たって頼み込む……。

一五〇〇ケース売れなかったということは、月をまたげば在庫超過になるから、保管の段取りもしなければならないし、販売期限のあるものなら廃棄しなければならないかもしれない。もうすぐ月が変わってしまうので、生産、もしくは仕入れをストップするなり遅らせるなりしなければなりません。一五〇〇ケース残っているということは、収入も一五〇〇ケース分落ちるから、資金繰りの調整と予算計画の修正も行なう必要があります。

一方、部下である営業員は、最後の最後で売り切れなかったときどうするか。「申し訳ありません！」と上司に謝り、厳しい叱責も甘んじて受けなければならないし、もしかしたら減給などの処分があるかもしれません。ひどい場合には、解雇ということもあるかもしれません。しかし、営業員をクビにしたところで、「売上げが一五〇〇ケース分足りない」という事実は消えることはありません。

結局は、営業員自身が取れる責任には限度があるということです。そして上司は、一五〇〇ケース分の不足の穴埋めの手当てからは逃げられないのです。

こんなわけで、部下は自分が負いきれない責任を負ってくれる、上司の言うことを聞かなければならないのですが、これは理屈です。頭ではわかっていても、人の指示にしたがうことは自分の自尊心を抑えることですから、部下は指示を出す上司をくわしく観察します。

そして「この上司は自分を動かすに足る人物だ」と納得すれば指示・命令を素直に受け、「この人は自分より優れた人ではない」と見たら、反発心や抵抗が現われてくるのです。

説得力のない上司に仕えるのは精神的に不幸

上司を観察し、多少の不満があったとしても、「この人の言うことなら聞かないわけにはいかない」と気持ちが納得すれば、部下は粛々と働くことができます。しかし、「こんな上司の言うことを聞いていたら自分が成長しない」「不幸になる」「信用できない」と感じられた場合、職制上は上司に逆らうわけにはいきませんから、大変なストレスとなるのです。

土井さんはシステムエンジニアです。プロジェクトごとに、違った上司や同僚と組んで仕事を進めていきます。土井さんは誰とでも仲よくなれる気さくな人ですが、先輩である大田マネージャーと組むときは憂鬱になります。

大田マネージャーは技術も知識も経験もあって、質問したことには的確に答えてくれます。ミスもロスも少ないし、段取りもよく、一緒に組めばスケジュールはスムーズに進捗します。

しかし大田さんは声が小さく、もそもそとしか話しません。表情も豊かではないので、指示されてもなかなか聞き取ることができず、一緒にいると気持ちが沈んでしまうのです。大田さんが嫌いなわけでもないし反発もしないのですが、土井さんは大田さんと組むと、どっとくたびれてしまうのです。

もし土井さんが上司であれば、大田さんに「もっと元気にやりなよ」と発破をかけることもできますが、後輩の身ですからそんなこともできません。大田さんは悪い人ではないけれど、積極的に好かれる人にはなり得ません。

それでもこの場合は、大田さんが土井さんよりも年長で、先輩だからまだいいのです。土井さんも諦めがつきます。しかし、近年特に多くなった「年下上司」の場合はどうでしょう。

年功序列型のしくみがかつてほど強力ではなくなり、官民問わず年少者が年長者の上司になることは珍しくなくなってきました。もちろん、年長の部下と接する上司も難しいでしょうが、年少の部下に仕える人も、心のどこかにわだかまりを持つものです。

そんなとき、元気で仕事ができる上司ならば、年長の人も年少の上司を認めます。しかし、元気もなくて説得力もない弱々しい上司だったら納得がいきません。

上司が声を張って元気に話をする、これは業務を円滑に進めるのみならず、部下や周囲のスタッフの精神衛生の維持にもつながるのです。

［改善］

9 第一声を大きくする
――注目は最初に集める

まずはツカミが大事

私は、結婚披露宴の司会をする機会がよくありますが、結婚式に限らず、宴席の司会役がもっとも気になることはタイムスケジュールの順調な進捗です。特に困るのが、無駄に長いスピーチのオンパレードです。

婚礼の来賓のスピーチで多いのは、自分の過去の栄光や商売の話、自分が出る選挙の話、事前に下調べしてきた教訓談、ウケると思って仕込んできたネタ話。新郎新婦の縁者でなかったら叩き出したくなってきます。

司会としても参列者としても、うれしいのは短いスピーチです。よけいなこと、自慢話、教訓めいたこと、宣伝が入らない、よくまとまったシンプルな話。これはありがたいだけでなく、しっかり心に入ってきます。

もっとありがたいのは、「ツカミがしっかり取れている」スピーチです。出だしで笑いまで取らなくてもいいですが、モゴモゴと不明瞭に始められると、誰もその人の話など聴きません。シラけた雰囲気が漂い、その後の進行に支障が出ます。一方、はっきりと声を張って第一声を発する人のスピーチは、ほとんどの人がその話に耳を傾けます。まして、要領よくまとまっていて内容も気がきいていたら、心からの拍手が湧き起こります。

「ツカミ」でコケてしまうと、そのあとを取り戻すのは非常に難しいのです。

ツカミの典型が吉本新喜劇です。「ごめんください？　どなたです？　お入りなさい、ありがとう」の桑原和男、「ごめんやしておくれやしてごめんやっしゃぁ〜！」の末成由美など、登場の時点で大笑いです。何十年も同じ出方なのに、爆笑。

こういった「出オチ」が成立するには、声を張って内容もシンプルでわかりやすいということに尽きます。言ったか言わないかわからないようなものはツカミにはなりません。

まず興味を持たせないと

塾講師の西村さんは、中学校二年生と三年生の英語を担当しています。中、高の一種教員免許を持ち、学習塾を運営する会社に入って四年目ですが、いつも西村さんは教室長やエリアマネージャーに叱られています。

学習塾の講師の査定というのは、本部の経営方針や組織の規模、地域性などによって差異はありますが、「生徒の成績が向上して高水準で安定し、入試および定期試験の点数がよくなる指導ができる」ということが講師に求められる要件です。

成果となる数字は、「○○高校何名合格」のように入試合格者数であったり、「定期テスト点数平均○○点アップ」というように学校の成績が上がるということです。さらに、生徒からの「わかりやすい」「ためになる」といったアンケート評価も重要です。

西村さんは四年目ということもあり、受験指導を重視する中二、中三のクラスを持つようになりましたが、西村さんのクラスは成績の伸びが悪く、生徒からの評価もよくありません。当然、教室長は西村さんを叱ります。「あなたはどういう授業をしているんだ！」

西村さんは、教案もしっかり作り、ポイントを押さえた内容を吟味し、板書の仕方までシミュレーションし、万全の準備で毎回の授業に臨んでいます。自分の評価が低いことも知っていますから、工夫と勉強は気を入れています。しかし評価は上がらず、成果も出ません。

教室長は西村さんの授業を参観しました。たしかによくできています。授業としては九十点以上の水準です。しかし何か物足りない。もう一回見ました。今度は西村さんよりも先に教室に入り、西村さんが教室に入るところから観察しました。

教室長には、西村さんの弱点がすぐにわかりました。西村さんの授業には出だしのツカミがないのです。単元の導入はしますが、生徒の注目を集めるような話し方ができていないのです。最初から通常のトーンで話し始め、そのままのトーンで話しているのです。

授業のテンポや内容はいいのですが、学校と部活を終えてから塾に来る生徒たちの疲れや気怠さを吹き飛ばすような覇気がないのです。出だしがそんな調子なので、生徒の気を引かないまま授業が始まり、そして最後まで進んでしまうのです。

教室長は西村さんに言いました。「五十分の授業の最初の三分は、通常の三割増しの声で高めのトーンでテンポよくしゃべってみなさい。その後はこれまでのやり方でいいから」。

翌日から西村さんは教室長の言うとおりに、授業の最初の三分はハイテンションでやってみました。

「はい！　今日はto不定詞の三つの用法の確認です！　前回はingの使い方と不定詞の区別をやったけど、もう一回不定詞の確認をするね！」

これを一週間続けると、小テストの平均点がグッと上がりました。教室長の思ったとおりでした。西村さんはツカミを取れなくて、生徒の興味・関心を惹きつけられなかったのです。

西村さんのように人前で話す仕事でない人も、これは同様です。自分が頑張って話してもなかなか相手に納得してもらえない、関心を持ってもらえないと感じるなら、内容が悪いのでなければツカミが悪いのです。

まず、**第一声を大きくはっきり出す**こと。そして**こちらに注目を集める**こと。これを実践するだけであなたの提案は確実に通りやすくなり、あなたの評価も格段に上がります。

［改善］

10

相続とケンカは声がでかいほうが勝つ

――結局、物事を押し切るのは声のデカさ

あなたに中山恭子ほどの力があるか

拉致問題担当大臣だった中山恭子議員は、おそろしく声の小さい人でした。記者会見でも国会答弁でも、ささやくような声で話していました。しかし、この中山議員という人は、非常にタフなネゴシエイターです。官僚としての経歴も華やかな人で、文部大臣を務めた赤松良子先生や国連難民高等弁務官などを努めた緒方貞子先生などと並び、「女性初の」という枕詞を何度も獲得した人です。

対北朝鮮交渉の国務大臣、内閣参与としての活動で有名でしたが、ウズベキスタン全権大使だったときにキルギスで拉致された邦人の救出に際し、自ら陣頭指揮を執って無事救出を実現させました。蓮池透さんや曽我ひとみさんの、北朝鮮からの帰国を実現し、日本定住を促したのも安倍晋三官房副長官（当時）の力もあるものの、中山議員のネゴシエイションが強力だったおかげです。

このように、声が小さくてもすごい力を発揮する人はいます。訥々《とつとつ》と自分の想いを語り、

相手の心を打ち、万人に共感を与え、やるべきことをどんどん推進していける人もいます。しかし、それはその人によほどの能力か実績の裏づけがある、あるいは強力なカリスマ性があるという場合です。または「この人の言うことなら受け入れてみよう」と思わせるような人間的魅力が備わっている場合です。

あなたは、小さな声でも相手を説得する能力を持っていますか？　あるいは、そこまでの人間的魅力を兼ね備えていますか？　そんなに信用されるほどの実績をあげてきましたか？もし、あなたの交渉力、人間的魅力が世間並という範疇を超えないレベルであるなら、小さな声では大勢の人を巻き込んで大きな成功を遂げることはできません。それ以前に、身近な人の心すら打つこともできません。

亡くなった祖母が、よく、「相続とケンカは声がでかいほうが勝つ」と言っていました。真剣に勝ちにいこうとケンカに挑むときは、相当の準備と勝つための能力が必要です。しかし、その場になって本当に力を発揮するのは、「大きな声」のようです。私自身も声が大きいことで「勝った」ことがあります。やはり、祖母の教えは正しいと実感しました。

相手の声にかき消されたら自分は通せない

声がでかいということには、物理的に音量が大きいだけでなく、意見のボリュームが大きいということも含まれます。

不動産コンサルティング会社に勤める小野さんは、いつも上司に押し切られてしまうというのが悩みでした。営業会議で成績拡大のための提案をしたり、物件の査定で説明をする際、小野さんは自分の意見を言います。しかしいつも係長の藤田さんに却下されてしまうのです。正確に言うと、藤田係長が却下するのではありません。小野さんが意見を言うと藤田さんが大きな声で別の意見を言い、その勢いに負けて藤田さんの意見が通るのです。

小野さんは負けず嫌いなところがあり、いつも藤田さんに自説を弾かれてしまうのが悔しくて仕方がありません。会議の前には根拠資料をたくさん作り、想定問答の原稿も作り、理論武装をしてから臨みます。しかし会議当日になると、やはり藤田さんの声のでかさに負けてしまうのです。

小野さんと藤田さんの人間関係は悪いわけではありません。藤田さんは小野さんをよく飲みに誘うし、小野さんも別に藤田さんが嫌いではありませんからついて行きます。案件によっては、コンビを組んで仕事をすることもありますが、そんなときもギスギスしたり意見がかみ合わないということも見受けられません。したがって、藤田さんが後進の小野さんを潰そうとしているとは考えられません。

あるとき、小野さんは同期の仲間と飲みに行きました。話題は小野さんが藤田さんに言い負かされてしまうということに移りました。

「藤田マネージャーにはどうしても意見を弾かれちゃうんだよね……」、するとと仲間のひとりが言います。「おまえ、藤田さんには可愛がられてんじゃないの?」「だけどさ、会議や商談ではいつも藤田さんに負けちゃうんだよ」。これを聞いて、その場にいた仲間は口を揃えて言いました。「それは小野の声が小さいからだよ！ だから話が通らないんだ！」

みんなにそう言われた小野さんは、翌々日のミーティングでは普段の三倍の声で提案をしました。すると、藤田さんも他のメンバーも、「小野のプランでいきましょう」となり、課長がゴーを出して小野さんの提案がそのまま通りました。しかも藤田さんは、「今回はすごくわかりやすいいいプランだな。頑張れ」と言ってくれました。

小野さんにしてみれば、これまでも同レベルの内容の提案はしていたのに、ただ声を大きくしただけなのに、という思いです。

でも、「たしかに**声が大きい人の話のほうが正しいように聞こえる**し、声が大きい人の意見を聞くと、声が小さい自分は間違っているような気がして、それ以上の自己主張を躊躇してしまう。だから自分の意見が通りにくいんだ」とわかりました。

小野さんはこれまで、しないでもいい損をずいぶんしていたのです。

［改善］

11 照れずにエイヤッとやってみる

――声を出すと後には退けなくなる

熱くなるのはカッコ悪いことか

テニスの松岡修造氏の〝熱さ〟は商品になるレベルだし、アニマル浜口氏の暑苦しさも突き抜けていて、むしろ清々しいものです。

しかし、一般には人前で熱くなることは恥ずかしいという感覚があります。ことに若い人にとっては、クールであることがカッコよくて、熱いのはカッコ悪いと思う傾向があります。振舞いが「熱い」と非常に目立ちます。目立つということは周囲から「浮く」こと、すなわち「排除」の対象になるということです。だから、熱い振舞いをする人を往々にして好意的に見ないし、自分もそうならないように気をつけるのです。

目立つ人は、「点数稼ぎをしようとしている」「でしゃばり」「空気が読めない奴」と誤解されることもあります。マイナス面での性格や行動が目立つ人は困り者です。できればつき合いたくないし、組織や集団では排除の対象とされるケースもあります。

しかし、目立つこと自体は悪いことではないし、恥ずかしいことでもないのです。悪気がなく前向きで、合理的に正しく振舞っているなら、目立つことは好ましいことです。

そして、「熱くなる」のも恥ずかしいことではないのです。怒鳴る、叫ぶ、うるさいというのはいけませんが、**声が大きくて目立つということは陽のエネルギー、プラスのエネルギーを振りまくということ**ですから、カッコ悪い、と気にして目立たないように振舞うほうが、実は道理がわかっていない、恥ずかしいことなのです。

学生時代、私は四年間デパートでアルバイトをしていました。季節によって忙しくなる売場に立つのですが、歳末はいつも数の子売場にいました。その売場で一緒に仕事をしていたのが藤木さんという、当時六十代のマネキン（店頭販売員）さんでした。

藤木さんは販売力のあるマネキンさんで、私などは多く売っても一日四十万円くらいでしたが、藤木さんが売場に立つと六十から八十万円にはなりました。私の両親より年長でしたが、藤木さんははつらつとしていて気持ちのいい人でした。藤木さんが笑顔で声を出すと、お客様がどんどん寄って来て、よく売れました。

声は出してしまえば恥ずかしくない

藤木さんと休憩が一緒になったとき、私はたずねました。

「藤木さんはすごいですよねぇ。もともとがこんな販売員だったんですか？」

藤木さんは笑いながらこう言いました。

「私はね、ずっと専業主婦だったのよ。四十過ぎて主人が倒れて、それまでみたいに働けなくなっちゃたのね。だから私も働きに出ることにしたの。娘はまだ学校に行っていたし、家のローンもあったからね。ちょうどマネキン紹介所の広告を見てこの店に派遣されたんだけど、最初の日は〝いらっしゃいませ〟がどうしても言えなくてね。開店から売場に立ってたけど、涙がポロポロ出てきてその日は午前中で早退しちゃったの」

「へぇ、そんなふうには見えませんけどね」

「その日はうちに帰って、自分で自分が情けなくなっちゃって一晩中泣いちゃってさ。でも朝になって、あたしが仕事をしなければ、家族が生きていけないんだって思い直して、また出勤したのよ。でも、やっぱり〝いらっしゃいませ〟って言えなかった。一日黙って突っ立って、声をかけられたお客に品物包んで渡すだけでね、〝ありがとうございました〟は言ったけどさ。次の日もその次の日もそんなふうで、一週間経ったのよ。そしたらマネキン事務所の人が来て、『できませんか？　辞めますか？』って言われて、〝あぁ、このままじゃクビになっちゃう〟って思って、今日こそは〝いらっしゃいませ〟を言おうと思ったのよ」

「言えたんですか？」

「小さい声でね、いらっしゃいませ、って何回か言ってみたの。そしたらお客が来てね、タラコ買ってくれたの。で、もう一回〝いらっしゃいませ〟って声をかけたら、明太子と塩辛が売れたの。あたしもちょっと元気になって、『いらっしゃいませ！　ご利用くださいませ！』って言えたのよ。そしたらもっとお客が寄ってきて、どんどん売れたのよ」

「ふっ切れちゃった？」

「そうね、あたしは主人の病気がきっかけで働き出したから、そんな自分が惨めで情けないと思ってたのね。だから売場で呼び声を出すなんて悲しかったのよ。だけどね、腹くくって一度声を出してみたらなんてことはなかったのね。今はもう図々しくなっちゃたけどさ」

もう二十年も前の話ですが、いまだに藤木さんの話が忘れられません。私たちは仕事上でも私生活でも、ためらって動き出せないことがあります。後から考えてみれば何てこともなくて「チャッチャとやっちゃえばよかったのに」と思いますが、その渦中にあるときは自分には絶対乗り越えられない壁だと思い込んでしまうのです。

そんなときは、まず動き出してしまうことです。**とりあえず声を出してしまう**ことです。声を出してしまうと後に退けなくなります。周囲への意欲の宣言にもなるし、何しろ自分の決意を固めるのに声を出してしまうのは有効です。

「おはようございます」「よろしくお願いします」「私がします」「やります」「できます」と大きな声で言ってしまいましょう。

［改善］

12

正当に目立つには声が大きいこと

――埋もれてしまっては、花も咲かずに枯れてしまう

出ない杭はそのまま朽ちる

新人研修をしていると、特に大人数のときは受講生は、「似たような若者の集団」としか見えません。研修を進めていくと、しだいに各人のキャラクターが見えてきますが、それでも五十人を超えるクラスだと、印象に残る人とあまり残らない人に分かれます。

印象に残る人とは、たとえばものすごく体格がいいとか、指名したら独特な答えが返ってきたということもありますが、やはり一番強く気持ちが惹かれるのは声が大きい人です。

チームで討議をしてもらったり、質問に回答を求めたり、接遇特訓をしている際など、声が大きい人が目立ちます。そして、ついその人に注目してしまいます。もちろん、そのクラスに参加された人を、まんべんなく指導するのが私たち研修講師のミッションですから、特定の人にのみ集中するのはよくないことです。それでも、やはり目が行ってしまいます。

よく目が行きますから、その人をより観察するようになります。すると、初めて会った人なのになぜか好ましく見えてきます。そういう人は、数年経ってまた次の階層別研修で会っ

ても、すぐに思い出すことができるのです。

これは社内でも同様のことが言えます。若手の社員の中で印象が強いのは声が大きい人です。**印象が強いということは、評価される機会があるということ**です。もちろん失敗しても目立ちますから、厳しく注意されること、叱られることも出て来ます。しかし、その叱責はその人にとってマイナスにはなりません。その失敗は成功への一歩だからです。

目立たない人は失敗もあまりしません。失敗しても目立ちません。そのときは無難に過ぎますが、これが数ヵ月、数年と続くと、失敗して叱られている人と比べて、身につけたスキルは大きく引き離されます。目立つ人はプラスの評価も重ねているからです。

よく「出る杭は打たれる」と言います。たしかに、集団の中で目立つと周りからやっかみを受けたり上席者から煙たがられることがあります。では、煙たがられないようにおとなしくしていればいいのでしょうか？　**出ない杭はそのまま朽ち果てます**。たいした役にも立たず腐っていき、そのうち新しい杭に交換されてしまいます。今目立っていないあなたは、いつか「捨てられる杭」になります。

職場で使い捨てされる人になるのが嫌なら、打たれるような杭になることです。「出る杭は打たれる」の続きの言葉を知っていますか？「だけど、出過ぎた杭は打たれない」です。

よくも悪くも評価されないというのは、実はあなたが目立っていないからなのです。

上司の目は二つしかない

メーカーに勤務する佐川さんは、製造ラインに入って三年目です。まじめな性格で、遅刻もミスもなく、与えられた仕事はコツコツこなしています。温和なタイプで人間関係のトラブルもありません。会社としては、そろそろ佐川さんをライン班長にしようと思っています。

しかし佐川さんには、「これ」という決め手がないのです。技術も人柄も問題なく、一定の経験をしていますから、佐川さんを班長にすることに障害はありません。しかし佐川さんには、決定的に悪いところもないけれども、決定的によいところもないのです。

班長になれば基本給も上がり、組合での立場も変わります。年長の部下やパートさんの指導もしなければなりません。そのラインで製造された部品の責任を負うことにもなります。工場長、製造課長、管理課長は、佐川さんの昇格を見送ることにしました。

半年ほど経ち、佐川さんの会社で部門長による個人面談がありました。定期的に社員全員と腹を割って面談をする機会が、この会社にはあるのです。

佐川さんと同じラインにいる年配の男性社員の今井さんも、工場長の面談を受けました。日常の業務のあれこれについて話し、そろそろ終了の時間になる頃、今井さんがぽつんとこう言いました。「佐川君はそろそろ班長になるかと思っていましたが、何か問題がありましたか?」

工場長は意外でした。今井さんも普段、自己主張が強いわけではなく、目立つタイプでもありません。社歴は長く、ベテランとして安心して業務を任せられる人でしたが、同僚について自分の意見を言うのは珍しいことでした。工場長は理由を訊きました。

「佐川君は目端も利くし、気持ちに嘘がない人です。若いけれども人の心をつかむことができる人間です。もう技術も身につけていますから、早く昇格させてあげてもいいんじゃないですか?」と今井さんは答えました。

口数の少ない今井さんがそう言うのですから、工場長も他の上司たちも、佐川さんを注意して観察するようになりました。すると、たしかに佐川さんは面倒見がよく、年齢や男女にかかわらず誰にでも言うべきことをきちんと言っています。工場長たちは、次回の定期昇格で佐川さんを班長にしました。

佐川さんは、たまたま今井さんという「見てくれている人」がいたからチャンスが巡ってきました。しかし多くの場合、上から目につかない人は評価されることなく、チャンスをつかみ損なうことが少なくないのです。あなたは目立っていますか? 目立つための第一歩が大きな声を出すことなのです。

「大きな声で」のまとめ

一．声が小さい人はやる気と自信を疑われてしまう。たとえやる気と自信があっても、小さな声で不明瞭に話している人には仕事は来ない。

二．日本人の、少なくとも四人に一人は「聞こえにくい人」である。聞こえるように話すということを常に意識しなければ、話が通じていないと認識せよ。

三．声を出せるようになるには、正しい練習を継続することである。日々声の出し方に気をつけて、いい声が出せるようになろう。

四．常にいい声が出せる人は、周囲から注目を浴びる。したがって、評価されるチャンスにも恵まれやすい。一方、声が弱い人は目立たない。だから評価されるチャンスを逃してしまう。

五．若い社員は声を張らなければならない。それは、若い社員には風土刷新の原動力となることが期待されているから。また、上司も声を張らなければならない。そうでなければ、部下からの信頼は得られない。

2章

「きびきび行動」

［改善］

13 早足か小走りで移動する

——あなたはいつも移動が遅い

歩くのが遅い人は意欲がない

最近はかなりよくなりましたが、役所の窓口の人は概して歩くのが遅いものでした。短い距離なのだからさっさと動けばいいのに、もったりもったり歩いています。役所に用があるときには、わざわざ時間を作って行きます。さっさと用件を終わらせて欲しいのにのんびりされていると、「だから、公務員には覇気がない」などと感じてしまいます。

あるいは、大きな病院や調剤薬局に行くと、なかなか会計が終わらないことがあります。病院や薬局に行くのは具合が悪いときですから、待たされれば待たされるほど辛い。それなのにカウンターの向こうでタラタラ歩いているのを見ると、よけいに具合が悪くなります。

人は、自分の欲求の充足を邪魔されるとイライラするものです。無駄に待たされると不快に感じます。自分の欲求が充たされるのに時間がかかってしまうからです。だから、自分が何かを頼んだ相手がゆっくり動いているとイラつくのです。

私が研修中に受講生の方に指示を出します。そして課題を進めてもらい、終わったら提出してもらいます。そのときに、自席を立ってのろのろと私のところに来る人がいます。こういう人を見ると、「この人は、普段の仕事もこうなんだろうな」と思います。

実際、この人の上司からは、「いつも行動が遅くてイライラする」と聞いています。「○○君！」と上司から呼ばれる。そうしたら、「はいっ」と返事をしてすぐに呼んだ相手のところに駆けつける、と新人時代に教わったはずなのですが、呼んでも立ち上がらない。もう一度呼ぶと、ようやく立ち上がってゆっくり歩いて来ます。この時点で上司は、「もう、こいつにものを頼むのはやめよう」と思うのです。

この人は特殊な技術者で、会社のその部署には不可欠な存在だと期待されています。しかし、直属の上司にしてみれば凡庸で覇気がない、イライラする人なのです。ですから日常の査定は悪いのです。幹部は、査定をした上司に、「そんなに○○君はダメなのか？」と聞きます。上司は「はい、能力は高いと思いますが、動きが遅くて意欲がまったく見えず、周囲の士気を下げます」と答えます。そう言われてしまったら幹部もかばえません。

そしてこの○○さんは、自分の知らないところで自分の評価が悪いことに気づかずに今日ものろのろと歩いているのです。

歩くのが遅いというのは、「やる気がありません」「やりたくない」という直接的なボディランゲージです。呼ばれたら早足か小走りで来る人からは、「やります、引き受けます」という気持ちがはっきりわかります。また荷物の運搬や他部署へのお使いなどでも、早足で動いている人からは、「よりたくさんの仕事をこなそう」という意欲が伝わります。ダッシュする必要はありませんが、仕事中は早足か小走りで動かなければなりません。

あなたは、店や役所や病院などで、スタッフの動きが遅くてイラついたことはありませんか？　同じイライラをあなたの上司や同僚も、あなたに感じているかもしれません。

移動が遅いのは無能の証

早足、小走りをしてはならないのは

- 人がすれ違うのも難しいような狭い通路
- 割れものや危険物の近く
- 危険作業や精密作業をしている人の近く
- 人混み、特に売場やイベントスペース
- 高齢者や歩行が不自由な人と同道しているとき

だけです。逆に言えば、これ以外の**仕事中は早足か小走り**でなければなりません。特に五メートル程度の短い距離は駆け足をしなければなりません。

また**移動は最短距離**をとらなければいけません。人の前を横切る、物がある、狭くて通りにくいという場合を除いて、呼ばれた相手、目的物のある場所へは直線距離を進むのが正しいのです。それを意味もなく大回りする人がいます。研修中に受講生を呼ぶと、わざわざ大回りをしてこちらに来る人がいますが、そういう人は状況判断力が低いと判断されます。

実際に何か別の作業をしてもらうと、直線距離を進んで来ない人は作業も遅いし段取りも悪いことがほとんどです。移動が遅い人で作業が速い人を、私はまだ見たことがありません。移動が遅い人はやることなすことがすべて遅いのです。もし潜在的な能力があったとしても、その能力が表に現われていなければ、無能な人と判断せざるを得ないのです。

速く歩くためには腰骨をまっすぐにし、上方に持ち上げる**「立腰《りつよう》」の姿勢**をとり、かかとをできるだけ地に着けずに足裏の前半分で地面を蹴るようにします。特に階段の昇り降りや狭いところでの移動はこのやり方がいいでしょう。かかとをしっかりと着地させてしまう歩き方はスピードが出ないし、腰骨の位置が下がりますから姿勢が悪く見えてしまいます。

移動を速くするには、当然立ち上がりも速くなければなりません。よく「腰が重い」という言い方をしますが、腰から立とうとするとすばやく立てません。胸を斜め前に押し出すようにして立ち上がると立つスピードが速くなり、自然と歩き出しも速くなります。

速く移動することであなたの印象は確実に向上します。

［改善］

14 サクサク仕事はすませよう
――あなたは人よりも作業が遅い

出世する人は作業が速い

有名企業の上席の方々の勉強会に声をかけていただくことがあります。上席者であっても特別扱いせず、カリキュラムどおりの行動を取っていただいています。

その研修で、たとえば「あるテーマについてチームにわかれて討議をし、その結果を資料にまとめて人数分コピーをして配布する」という作業をするとします。討議自体も活発で実のある内容になるのですが、その後の作業が非常に速いのです。

チームが四人組だったら、清書する人、内容のチェックをする人、コピーを取る人、数を揃える人、とわかれて、同時進行でどんどん進みます。清書係が最後のページまで書き終わる頃にはほぼコピーが揃いますから、四人で一斉にホチキス留めをし、分担して他のチームにも配り、私のところにも駆け足で持ってきます。

有名企業だから、上席者だから偉いとは言いませんが、「出世する人はやっぱり違うな」と思います。

一方、はじめて役付になった初級管理者や、もうそれなりの年齢なのに職場で相応の昇格をしていないような人たちに同じことをしてもらうと、同じ作業でも時間がかかります。手わけをしないで同じ作業をダブってやったり、手空きの人が出たり、ページの飛びや不揃いがあってやり直しをしたり、枚数を揃えて置かずに一部ずつ取ってホチキス留めをしたりしますから、早いチームの倍近く時間がかかることもあります。私が言うまで他のチームに配らなかったり、講師である私の分を作っていなかったということもあります。

こうしたチーム作業を見ていると、大変に失礼な言い方ですが、「出世しない人は作業が遅い」と感じます。

作業が速いから出世するのか、出世するような人は作業が速いのか、どちらとも断言できませんが、作業の遅い人で組織人として出世した人をこれまで見たことがありません。**「作業が速い→評価される→出世する」というのは真実**でしょう。

では、作業が遅いとなぜいけないのか。一般には「後工程に迷惑がかかるから」と言われます。もちろん、作業が一ヵ所で停滞していると次の工程の人に迷惑をかけますが、作業が滞留すると前工程にも迷惑をかけることになります。また、複数で同じ作業をしている場合には全体の仕上がりを遅らせ、横の人にも迷惑をかけます。

精一杯自分なりに作業をしていても、周囲の人よりも遅かったり要求水準よりも遅ければ、あなたは作業が遅い人なのです。

私は紙オムツのメーカーにいましたが、その会社では七十二個パックのおむつを生産していました。ラインから流れてくる紙オムツを、検品しながら数えて目の前の機械に入れ、数が合っていることを目視で確認してからボタンを押すと包装されるのです。

工場のラインの人たちは熟練しているため、停滞なく作業ができるのですが、工場実習でラインに入った私たちは誰もできませんでした。そして、前工程でできたオムツの箱詰めがストップし、何度も機械を止めてしまいました。

一週間ほどの体験でしたが、二十年近く経った今でも、「一ヵ所のもたつきが大勢に迷惑をかける」ということを如実に思い出します。

作業が遅いのは本人のせいでしかない

作業が遅いのは、

◉能力が低い
◉やる気がない

のいずれかでしかありません。能力が低いというのは知識が足りない、技術が足りないということ。やる気がないのは勉強が足りない、練習が足りないということです。

そして、能力が低くやる気がない人は何をどうしたらいいかがわかりません。だから作業が遅くなるのです。したがって、もしあなたの作業が遅いとすれば、あなたに能力や、やる気があっても、周囲はあなたが無能で無気力と判断してしまうでしょう。

ですから、まず**人並の速さになるまで練習する**ことです。また知識不足で作業に戸惑うのであれば、**わからないこと、できないことがなくなるように勉強する**ことです。

とはいっても、作業が遅い人というのは、自分ではその自覚がない人が大半です。そこで自分の作業が遅いかどうかを確認しましょう。

同じくらいの作業を同僚としたときに、同僚の所要時間とあなたの所要時間を計って比べてみてください。五回やってみて三回以上あなたのほうが時間がかかる場合、それは周囲と比べてあなたの作業が遅いということです。

また、一週間のうち、仕事の催促をされたり納期に間に合わないことが一度でもあったり、「遅い」「早くして」と言われることが一度でもあれば、あなたは「作業が遅い人」と言わざるを得ません。「週に一回でも？」と思うかもしれませんが、仕事上で週に一回でも「遅い」と思われることがあれば、その人は「遅い人」と周りから判断されています。

急いでやる。急いでできない場合は、知識か技術の不足なのだから、勉強か練習をする。そしてまた急いでやる。この繰り返しであなたの仕事は絶対に速くなります。

［改善］

15 即時即行

――あなたはいつも着手が遅い

やれば終わることはやってしまおう

あるメーカーの研修をさせていただいたときのこと。山田さんは二十六歳の男性、技術職です。上司からは事前に、「山田は納期が守れない。素直で熱心だが、仕様書や社内書類の締切が守れない。何とかして欲しい」と言われていました。

ところがこの山田さん、私の質問には的確に答えるし、明るくて感じがよくて、能力が低いとかだらしないようには見えないのです。課題を出しても他の人よりも早く仕上げ、作業そのものが遅いということもありません。

そこで休憩時に、「山田さんは納期遅れが目立つと会社から聞いているけど、本当にそうなの?」と聞きました。「はい、よく注意されます」というので理由を聞くと、どうも仕事を先送りにしてしまうことが多いらしいのです。

仕事を渡されたときにその時点でやりかけの仕事があると、まずそれが終わるまで手をつけず、そしてそれまでに指示されたことから順番にやるので、どうしても社内文書は後回しになってしまうというのです。

山田さんは仕事の優先順位のつけ方と物事を後回しにしてしまう傾向が問題でした。

優先順位のつけ方は

①**人命に関わる**こと優先

②**事故・クレーム対応**が優先

③支払いや手続きなど**公的な納期がある**もの優先

④**社外・お取引先様**のことが優先

⑤**上席者の仕事に直接関わる**もの優先

⑥**締切が早い**もの優先

⑦その仕事が終わらなければ次の人が仕事をできない、**後工程がある**もの優先

⑧**自分でなければできない**こと優先

というようにするものです。

①から④についてはごく当たり前のことで、普通はこの順位にしたがってやるものですが、⑤から⑧についてはよく整理できていない人が少なくありません。山田さんには右の①から⑧をメモしてもらい、この順に沿うようアドバイスしました。

また**納期が先であっても、遅くとも案件が発生したその日のうちに手をつけはじめる**よう

に言いました。特に事務仕事に多いのですが、納期が先だと、「まあ、間際でも大丈夫だろう」と思って後回しにして、納期が迫って手をつけたら、実は想像以上に面倒で納期に間に合わなかった、ということがあります。

よい例が「夏休みの宿題」です。さっさとやってしまえば何ということもないのに、間際になるまで手をつけないから苦しむのです。「やればすぐできる」と思うなら、なぜすぐやらないのか。それは優先順位のつけ方が悪いか、時間を読む習慣が身についていないからです。そして、「先送りすることの気楽さ」から抜けられない、弱さのためです。

山田さんはその後、部下五名を持つ係長になりましたが、やる気はある人ですから、優先順位のつけ直しだけで仕事のやり方が変わりました。今では部下たちに、「早く始めろ！早く始めろ！」としつこく言っているそうです。

すぐにやらない人は、ルールを守らないか優柔不断

山田さんは賢くて素直な人でしたから、アドバイスがすぐに結果につながりましたが、もともと少し手のろい人だったらどうなるでしょうか。すぐやらない人は、

・納期（ルール）が守れない人

・優柔不断で決められない人

のいずれかだと判断されます。前者は主に若手社員や部下の立場の人に、後者は主に上司、ベテランといわれる人に対する評価ですが、いずれにしても、いい評価ではありません。

若いうちから仕事の先延ばしのクセがついていると、部下を持つようになったときに、部下から「この人の仕事はアテにならない」とそっぽを向かれます。その評価が社内ですんでいるうちはまだいいのですが、これが取引先など、社外に迷惑をかけるようなことになったら、あなたの信用はなかなか回復しません。

何かをしなさいと言われ、それがすぐにできないというのはまだ許せます。何か事情があるかもしれないからです。しかし、「○○ができるように改善しなさい」「××はすぐにやめなさい」という指導に対して、すぐ着手しなければどうなるでしょうか。「積極的反発」と見なされます。**単なる「怠業」ではなく、指導した相手への明らかな反発**です。改善を実行するかどうかは「できるかできないか」ではなく、「するかしないか」だからです。

指導、指摘されたことは、その瞬間に実行に移さなければなりません。「次からやります」「次から気をつけます」でなく、「すぐやります」「今から変えます」と言い、その日から着手する、その瞬間から変える、これを徹底実践しましょう。

仕事や納期の先送りは〝蜜の味〟です。しかしその穴埋めは、さっさとやってしまったときの二倍の労力を要します。

［改善］

16 仕度はしっかりしておく

――あなたはいつも段取りが悪い

段取りを想像できる、創造できるということ

私の一族はお寺の親戚なので、母や叔母たちがお寺のご供養（食事）作りを手伝いに行くことがあります。多いときは百人分の食事を一度に出すようなこともあります。母や叔母は娘時代からのことで慣れているため、百人分ならお汁のお椀を六個ずつお盆に並べて五段にし、三列と二段用意しておきます。そうすると、お汁を出したかどうかいちいち数えなくてすみ、あと何人分お汁を注げばいいかも目で見てわかります。

ところが、せっかく母がそのように並べておいたのに、別の手伝いの人が、「お椀が広げてあったので片づけておきました！」と、お椀をしまってしまうことが何度かありました。もう、すでに数名分お汁を出していましたから、残り何人分注げばいいかわからなくなってしまい、結局、食堂に数えに行く羽目になりました。

また、叔母がお寺でコロッケを揚げる際、油の中で破裂してしまわないように、前夜に自宅の冷凍庫で凍らせて行ったことがありました。そしてお寺の厨房に置いて少し目を離した

ら、よその人が、「奥さん、コロッケが凍っていたからレンジで解凍しといたわよ！」と、叔母がわざわざ凍らせたコロッケをベトベトに解かしてしまったのです。案の定、コロッケはうまく揚がりませんでした。

こういう「よけいなことをしてしまう人」というのは、

・状況判断力がない
・人に相談する習慣がない
・自分なりの解釈で動く
・段取りをする習慣がない

という困った特性があるのですが、実は、

ということがもっとも問題です。

段取りを普段していないから、お椀が積んであるのを見ると、数えてあるとわからず片づけてしまう。段取りを考えることがないから、人に相談せずに動く。普段、行き当たりばったりで行動しているから、自分がそのとき感じたように（根拠もなく）動く。

そして**よけいな手間がかかり**、**時間を浪費してしまう**。

段取りが悪い人は、急げば急ぐほどかえってやり直しが増え、無駄に忙しくなります。これを随筆家の山本夏彦氏は「愚図の大忙し」と言いました。またうちの年寄などは「のろまのせっかち」とも言っていました。

箇条書きで時系列のチェックリストを使う

地方の建設会社に勤める佐藤さんは当時、三十七歳。二十歳で入社して以来いつも残業で、夜の十時以前に会社を出たのは数回しかない人でした。たしかに忙しい会社でしたが、それにしても十七年間ほぼ退社が十時過ぎというのは異常です。佐藤さんだけが特殊な仕事を任されているわけでもないし、佐藤さんの能力が著しく低いわけでもありません。

私は、「佐藤さんは**段取り不全だ**」と思いました。そこで佐藤さんに三つの提案をしました。

一．朝、今までより十五分早く出社して、「**TO DOリスト（やるべきことリスト）**」を作る。

二．書き方は、必ず「**番号を付けた箇条書き**」にし、各項目に絶対にその項目を終わらせるべき時刻とその所要時間を書き込む。

三．その**リストを定時ごとに見ながら進捗確認**をする。

これを、三ヵ月徹底してやって欲しいと伝えました。

三ヵ月後、佐藤さんと会いましたが、佐藤さんはこれを毎日実行するようになって一ヵ月目に九時前に退社できるようになり、二ヵ月目には週に三回は八時に退社できるようになったと言うのです。

これは十年前の話です。今、佐藤さんは、七時半より後に会社にいることは月に二、三回くらいにまでなったそうです。

これは別に難しい手法ではありません。むしろ子供の夏休みの計画表レベルです。しかし佐藤さんはこれを徹底実践して変わりました。十七年間、十時過ぎまで家に帰れなかった人が、七時半以降まで会社にいるのが月に二、三回になったというのは大改良だと思います。

「アポ取り」という段取りも同様です。どうしても訪問はお客様の都合に合わせて時間を組むことになりますが、私は若い頃、福井→高山（岐阜）→米原（滋賀）→氷見（富山）というとんでもないスケジュールのアポを同じ日に取り、それぞれ十五分くらいの商談なのに、十時間以上運転したということがありました。当時も我ながらバカだと思いましたが、今思うとつくづく自分の愚かしさが情けなくなります。

ここまで極端でなくても、若い外回りの人は行き当たりばったりで動いたり、先方に要望を打診できなくて、東西南北をジグザグに動いてしまう人が少なくありません。

佐藤さんと同じように「箇条書き・時系列のチェックリスト」を毎日作成して、その通りに動いてみてください。これは「目で見る管理」「見える化」の最も基本的な形です。

これを続けると状況判断力が伸び、相談の習慣ができ、論理的に考える力が養われます。

「時間も経費である」ことを忘れてはなりません。

［改善］

17 ストップウォッチを持ち歩く

――時間を計らないからあなたはいつまでもノロい

一分四十秒で終わることを五分かけてやる

私が研修講師を始めるきっかけになったアイウィル（東京都文京区）という会社の研修は二泊三日の合宿研修を基本形としています。一クラス十五名程度で進めますが、このクラスでは輪番でリーダーをひとり決め、学校でいう学級委員のようなことをしてもらいます。

リーダーが交代するときは全員で整列し、「リーダー交代式」というセレモニーをします。手順をしっかり覚え全員がミスをしなければ、このリーダー交代式は一分五十秒から二分十秒で終わります。二泊三日の合宿の三日目になると、速いクラスでは一分四十秒を切ります。私が担当した中で最も速かったのは、一分二十五秒でした（これ以上速くすると雑になるか抜けが出る）。私が担当するときは、「標準作業時間は二分二十秒である」と伝えます。

ところが、初日にはじめてリーダーが交代するときは、まだ慣れていないこともあって八割以上のクラスが五分以上かかってしまいます。

手順を確認していない、準備していない、他人事で当事者意識が足りない、心と動きが慣れていないなどさまざまな理由がありますが、私は一番の原因は「時間を計っていないから遅い」と考えています。

私は最初の説明で、「標準作業時間は二分二十秒です」と言っているのに、時間を計っている人がひとりもいないのです。「二分二十秒以内に終わらせる」ということを覚えていない人も半数くらいいます。これでは、五分以上かかっても当然です。

テキパキやれば、多少のもたつきがあっても一分四十秒あればできるのです。これに五分かかるということは一回の交代式あたり三分二十秒のロス、三日間で六回交代するとしたら合計二十分のロスです。

短いロスタイムの累積があなたを苦しめる

この研修では体操の試験もするのですが、二十分とはラジオ体操六回分ですから、しっかりやればこの試験に合格できるくらいの練習ができます。時間をきちんと計って交代式をやるようになったクラスは絶対に二分二十秒を超えません。時間を計る習慣のついたクラスは時間のロスがなくなって行動が速くなります。そして他の課題に時間を割くことができます。

あなたの日常の仕事の中でロスタイムはありませんか？　もちろん、トイレに行ったり一服つける時間までなくせということではありません。しかし、なくてもいい時間を合計してみたらひと仕事できるくらいの時間になってしまったら、あなたは「ひと仕事分遅い人」という評価をされることになります。

こうならないために、一つひとつの作業の時間を計りましょう。そして何回か計れば、適正な所要時間が見えてくるはずです。これを「標準作業時間」とします。標準作業時間より作業に時間がかかる場合は、あなたのやる気が落ちてスピードが下がっているか、段取りその他の要因に問題があるということです。

仕事のアウトプットの質を下げないように、この標準作業時間を短縮していきましょう。そうすれば自然に動きが速くなります。

この際、ストップウォッチを使用しなければなりません。百円ショップにあるものでかまいません。そしてあらゆる作業を常に計時する習慣を身につけてください。

トータルの時間を知りたい、会議やプレゼンのときはキッチンタイマーが有効ですが、**作業を速くするためのツールはストップウォッチ**でなければいけません。タイマーだと工程ごとの途中所要時間がわからず、グロスでしか判断できないからです。

特に十分以上かかる作業の場合、**「どの工程に無駄な時間がかかるか」ということを把握**しなければなりませんから、ストップウォッチでなければなりません。

ストップウォッチは、自分の改善の目安となるだけではなく、他者に指摘する際にも有用です。

人は、他人から自分の行動を指図されるのは嫌なものです。まして、自分が「これでいい」と思ってやっていることを否定されると反発心が起こります。

たとえば、仕事をしていて上司から「遅い！」と頭ごなしに言われても、自分では急いでいるつもりだと、「そんなことはない」と無視してしまう人がいるかもしれません。

こういうときにストップウォッチで計時していれば、「この作業は通常七分で終わるのに、あなたはもう十分を超えているじゃないか。急ぎなさい」などと言うことができます。言われた人も、ただ「遅い！」と言われるより納得でき、素直に受け入れることができます。お互いに不要なストレスを感じずにすむのです。

「遅い」とか「速い」と言うのは主観ですから、人によってまちまちになることがあります。しかしストップウォッチで計った時間は、三分なら誰が見ても三分、五分なら誰が見ても五分と共通認識できます。だからお互いに冷静に、客観的にやり取りができるのです。

お互いの理解のギャップを最小化するためにも、ストップウォッチは非常に役立つのです。

［改善］

18 終わりの時間を決める

――ゴールがないからあなたは急がない

残業は蜜の味、だから残業をやめられない

残業代も出ないのに残業している人は少なくありません。私の両親は公務員でしたから、私が若い頃遅い帰宅が続くと、「おまえはずいぶん残業で稼いでるな」と言われましたが、社会に出て二十年近くで、残業代というものをもらった覚えは一度しかありません。新卒で二十七泊二十八日の集合研修に入ったときに時間外手当が基本給の倍支給された、そのときだけです。したがって、私は「残業代のための残業」はしたことがありません。

しかし私は、残業グセの抜けない人間でした。モーレツ社員だったわけではありません。残業を前提に仕事をするとラクだったからです。どの職場でも、その日のうちに仕上げてしまわなければならない仕事と翌朝の始業までにできていればいい仕事がありましたから、当日の五時までに出さなければならないもの以外はのんびりとやっていたのです。

定時を過ぎると、あまり電話もかかってこなくなります。追加の指示を出す上司や同僚も帰りますから、ペースを乱されることもなくなります。コピー機やプリンターも自由に使えるので自分のペースで仕事ができます。そして「頑張っている自分」にテンションが上がります。私は調子に乗って残業ばかりしていました。

ところが、職場での私の評価は散々でした。

- コスト意識が足りない
- 勤務時間内はダラダラしている
- わざわざ時間外に働いて「頑張ってますアピール」が鼻につく
- 残業すればいいという発想が、部下、後輩のモチベーションを下げる
- 上司の意図を把握しない、独りよがりな人間である

このように思われていたのです。このような評価を知って私は寝込みました。悪気はまったくなく仕事をしていたのに、周囲は自分をこう見ていたと知って、精神安定剤と睡眠薬がなければ生きられないようになりました。

私は現在、残業グセが抜けない人の行動改善も指導をしていますが、自分自身はこういう評価をされる人間だったのです。

もちろん、妥当な残業をして目覚ましい成果をあげている人がいることも知っています。しかし「自己都合の残業」は、会社の役に立たないばかりか、あなたの評価を下げるのです。

私は今も、「残業グセのある自分への評価」の怖ろしさにうなされることがあります。こ

んな思いをする人がもう出ないことを祈るばかりです。

終了時間と所要時間を厳守する

時間を守れない人、行動が遅い人、成果を出すのが遅い人は、一様に**「納期意識」が低い人**です。納期から逆算して行動を起こす、あるいは間に合うように動くということをしていません。だから適切に急がないのです。

今はパソコンでも携帯でも、交通機関の乗換案内が簡単に検索できますので、そのとおりに動けば、行ったことがないところでもほぼ時間どおりに行くことができます。この乗換検索の発想が、そのまま仕事の段取り発想のモデルとなるです。

たとえば、霞ヶ関から新横浜に行くには、日比谷線で中目黒(十五分)→東急線で菊名(二十分)→JRでひと駅(五分)、乗換に五分ずつかかるとして十分、およそ五十分見れば着きます。ということは、十五時に新横浜の駅に着くためには、遅くとも十四時十分以前の電車に乗らなければなりません。

私たちはこのように移動の際には時間を読みます。これを日常の業務でもするのです。

また、たとえば十六時までに週報をメールで送るとしましょう。

売上集計に二十分、入力に十五分、係長に見てもらうのに五分、修正に五分、コメント入力に十五分、十五時半に○○商事に電話をかけなければいけないから、十分間時間をどける。ということは、遅くとも十四時五十分には週報の作成を始めなければ間に合わない——ということになります。

ただしこれは想定外の案件が発生しなかった場合で、実際には職場では何かしらあるものですから、余裕をもって十四時半には集計を始めるべきでしょう。

このときに改善17で紹介した、「標準作業時間」の設定が正しくないと納期には間に合いません。十五分で終わるはずの売上入力に二十分かかってしまったら、それだけで五分の遅延が見込まれます。

また改善15であげた「すぐに手をつける」、改善16「仕度はしっかり」をしておかなければ終わりの時間には間に合いません。

一つひとつの業務の納期が守られなければ、結局は残業するしかありません。そして残業はクセになってしまったらなかなかやめられません。

残業グセがつくとどうなるか。あなたはマイナスの評価をされ、その職場での居場所をいつしか失ってしまうでしょう。**終わりを決めない仕事は、自身を苦しめることになるのです。**

［改善］

19 まずは間に合わせる

——水準よりも締め切りが大事

会社員は芸術家ではない

ある外資系企業に出向して仕事をしていたときのことです。私は、少し年長の山岡さんと組んで企画を進めていました。

山岡さんは都内の有名大学を卒業した後、留学してＭＢＡを取ったという、理論派の人でした。英語も当然ペラペラで、横文字の資料をどんどん読みこなして、海外の企業にも電話取材をマメにしていました。こういうクレバーな人と組めて助かったと私は思いました。

ところが、山岡さんとの企画はなかなか進行しないのです。山岡さんは資料のレイアウトひとつでも、気に入らないと何度も作り直し、せっかくデータを集計しても、「こんな論文が出てきたよ」と一度出た結果をご破算にしてしまうのです。

最初は、「この人は学者肌なんだな。熱心だな。いいレポートになるな」と感心していたのですが、六週間の納期なのに二週間経っても五分の一も進んでいません。私は焦って、「山岡さん、これでは間に合いませんよ。急がないと」と言いましたが、「レポートはぼくらの作品なんだから、変なものを出すわけにはいかないだろ？」とペースを崩しません。リーダーは山岡さんで私はアシスタントですから、それ以上は言えませんでした。

山岡さんは終電まで毎日粘る人でした。けっしてダラダラしていたわけではありません。私も脇で頑張りました。しかし四週間が過ぎ、とうとう六週間目の納期の日が来たのに、私たちのレポートはまだ六割くらいしかできていませんでした。ボスは当然怒ります。

ところが山岡さんは平然と、「ぼくの求めている水準にはまだほど遠いですから、もう二週間時間をください」と答えたのです。

本来なら、この時点でアメリカに回さなければならないレポートでしたが、いまさら他のスタッフを充てる時間もないので、ボスは渋々認めてくれました。結局、その二週間とさらに三日後、私たちはようやくレポートの清書を提出することができました。しかしこの遅延のおかげで、会社には当時のレートで三万ドル近くの損失が出たそうです。

山岡さんはその後、他のスタッフと組んでも、自分のやり方を変えることなく品質重視を追求し続け、ついには上層部ともめて転職してしまいました。

それから十数年、山岡さんには会っていませんが、時折思い出しては「あの人は自分流を貫いているのだろうか」と考えます。

四十歳を過ぎた今の私なら、「会社員は芸術家ではない。粗悪品を出してはならないが、納期遅れのほうが絶対に悪い。**六十点の出来でも納期に間に合わせるべきだった**」と断言できますが、若い私はそう思っていても、年上の山岡さんには強く主張できませんでした。

山岡さんは勉強はできる人でしたが、会社員としては明らかに損をしていました。

「巧遅は拙速に如かず」は真実

よいアウトプットを出そうとして、時間をかけて丁寧に仕事をする。これは、一見すると非常に好ましい発想です。

しかし、一般の多くの職業人には邪魔になる発想です。昔から「巧遅《こうち》は拙速《せっそく》に如《し》かず」と言います。「しっかりやりました、しかし間に合いませんでした」では用が足りないのです。

私が講師をしているアイウィルの研修では、行動改善計画として「二十の誓い」というものを、合宿中に受講者全員に作成してもらいます。

各自の日常の仕事上の「よろしくない行動」を「あるべき姿」に変えるために、具体的にこのように行動する、という二十項目の指針を作っていただきます。受講者に下書きを作ってもらい、講師が全文添削してから清書するという、かなり労力の要る作業です。

全項目の下書きが終わるまでに食事を挟むことが普通です。そのため、食後の休憩時間に「あと何個下書きを作っておいてください」と宿題を出します。

この「何個」というのはそのときによって違いますが、たとえばそれまでに九十分の作成時間があり、一番遅い人でも九個できていれば、一個あたりの標準作業時間は十分ですから、食後の自習時間が四十分取れる場合は、「最低四個以上書いておきなさい」と伝えます。

食事をとり、休憩と自習時間が終わる頃教室に入って進捗の確認をすると、たいていの人は四個以上進めています。速い人は二十個すべて書き上げています。

しかし五人に一人くらい、ひどいときは三人に一人くらいが、二つとか三つしか書けていないことがあります。理由を問うと、こういう答えが返ってきます。「考え過ぎてできませんでした」「いい言葉が浮かんで来なくてできませんでした」。

私の指示は、「時間内に指定された数をこなし、講師が指導できるようにしておきなさい」ということであり、「百点の水準のものを作っておきなさい」ではないのです。指示の取り違いと見られても仕方ないでしょう。まして私は、一番遅い人の平準作業時間に合わせて指示を出したのですから、時間内に終わらないというのはあり得ないことです。実はこういう人は普段、職場でも「やることが遅い」と指摘されています。

納期に間に合わないというのは、やる気と能力を疑われてしまいます。

しかし**何よりも怖いのは、「この人は信用ならない」「ルールを守れない」「協調性がない」と判断されること**です。六十点主義でいいから、とにかく「間に合わせる」ことです。

［改善］

20 考え過ぎない、まず動く

——下手な考え休むに似たり

石橋を壊れるまで叩く人

私はおっちょこちょいな性格ですから、「迂闊なことをやっちゃったな（言っちゃったな）」と反省することも多いです。寅さんではありませんが、「日々反省の連続」です。

こうならないように、賢明な人は石橋を叩いて渡ります。しかし、「虎穴に入らずんば虎児を得ず」とも、「You cannot make an omelet without breaking eggs.（玉子を割らねばオムレツは作れない）」とも言います。熟慮は必要ですが、やらなければ失敗もしない代わりに、成果も出ないのです。

危ない橋を渡らないようにして、渡るべき橋も渡らない人がいます。これは、職業人としては損です。

ある財閥系企業とのコラボプロジェクトのメンバーが、社内で公募されたことがありました。全社の若手から二人選ばれるということでした。同僚の田代さんと私は、レポートを出して応募しました。「絶対やれるよ、頑張ろう！」と二人で前祝いに飲みに行きました。私も田代さんも中途入社組、社内でのプレゼンスを高めるためには、こういうチャンスを逃してはならないと思ったのです。

審査、試験、面談と勝ち残り、私は「これはいける！」と思いました。しかし田代さんは新メンバーに入りましたが、私は落ちてしまいました。落胆していた私にボスが言いました。

「君は個人面談のときに〝すぐに成果を出せるか？〟ってたずねられただろう？　田代君は〝はいっ、できます！〟って即答したけど、君は少し間があったそうじゃないか。だから上は君のやる気を疑ったんだよ」

たしかにそうでした。役員面接のときにそういう質問があり、私はためらいがあって、一瞬考えてから「頑張ります」と言いました。これが勝敗の決め手になったとは。私は悔やんでも悔やみきれませんでした。もう最終面接の段階に進んでいたのですから、

私は、「はいっ、できます！」と田代さんのように答えなければならなかったのです。

それ以来私は、**即答をする、すぐに動き出す**、ということを続けています。失敗もありましたが、あのときのつまずきより大きな損失はありませんでした。

「失敗は成功の母」であることを忘れない

何かチャンスがあったときに、すぐに動き出せない人は、一様に「自信がない」「準備不

足である」「機が熟していない」などと言います。しかし、それは本質的な理由ではありません。失敗するのが怖いから、手を出さないのです。もっと言えば、失敗したときに責められること、周りからバカにされること、自分が挫折感を味わうことが怖いのです。

採用されて、その職場にいることができているということは、その職場で発生する案件をこなす素質、能力が備わっているということです。ということは、何か作業や案件が発生した場合、あなたは「私がやります、やれます」と手を挙げていいのです。**エントリーする資格はある**のです。

上席者が、「いや、君にはまだできない」と判断すれば、「はい」と引っ込めばいいだけのことです。「どうかな？　できるかな？」と考えているうちに、そのチャンスは他の人が持っていってしまいます。そしてあなたのところには、またチャンスが来ないのです。

私は、接遇の研修もさせていただいています。年間五十本は接遇に関する研修をしています。接遇は発想も大事ですが、形に表わさなければ意味がありませんから、実技演習と試験をします。基本接遇用語を、正しい姿勢で美しくさわやかにできれば合格としますが、一発合格の人はなかなかいません。二十人に一人いるかどうかです。

そういう試験ですから、ある程度自主練習の時間を取り、できそうな人から自己申告で私のところに来て試験を受けてもらいます。

私はそのときに部屋の時計を指して、「あの時計で○○時までに私のところに試験を受けに来なさい」と伝えます。少し練習をして何人かが私の前に並びます。当然、最初のうちは多くの人が「不合格！」と言われてすごすごと戻っていきます。しかし、何度か受けに来るうちに、早い人で三回目くらいで「合格！」となります。

ところが、ひとクラスが二十人くらいだとすると、二、三人くらいは私が、「○○さん、いらっしゃい！」と催促をしないと試験を受けに来ないのです。注意点が書いてあるノートを読んでいたり、練習をひとりでやっていて、私のところに来ません。試験を受けに来ない人には、悪い点のアドバイスもできませんから、いつまでもその人は変わりません。そして、そうした人は、指定した時間のギリギリになるまで合格できないのです。

私は実技試験でうまくできなくても怒鳴ることはありません。責めもしません。しかし、ちゃんとやらなくてはいけない、失敗してはいけないという自己防衛本能から、促されるまで受けに来ない人もいるのです。こういう人は、「失敗は成功の母」であることを知りません。おそらく職場でも、自分から手を挙げて動くことはないのでしょう。そして「遅いやつ」と思われているかもしれません。

運転教本を熟読しても、運転は上手になりません。レシピを暗記しても、料理は上達しません。実際に運転した、包丁を握ってみた人だけが上手になるのです。

［改善］

21 早く終わると気持ちがいい

——また、今日も無駄に残業をするの？

いつまでも終わらないと精神を蝕まれる

かつてのソ連で政治犯として捕まると、それはそれは厳しい拷問にあったと言います。

——囚人が作業所に連れて行かれる。すると石炭が山積みになっていて、脇にスコップが置いてある。「この石炭の山を東へ五メートル移動させろ！」と指示される。囚人は一日かけて石炭を運ぶ。翌日、また同じところに連れて行かれスコップを渡され、「この石炭の山を西へ五メートル移動させろ！」。次の日、またそこに連れて行かれスコップを渡され、「この石炭の山を東へ五メートル移動させろ！」。次の日は「西へ五メートル」、その次の日は「東へ五メートル」、翌日は「西へ五メートル」、次の日は「東へ五メートル」、その次の日は「西へ…」と続けているうちに、早い人で十日もせずに精神に異常をきたしてしまう——。

このように、人間は意味のないことをさせられ続けると絶望感に陥ります。また、いつ終わるかわからないことをさせられ続けると、これも絶望します。この拷問は、そういう人間の心理的特質を利用した怖ろしい仕打ちです。他に肉体的拷問もあったようですが、精神を痛めつける、この石炭運びの拷問を考え出した人物は、悪い意味で天才でしょう。

しかし、これは他人事ではありません。実は現在、日本の私たちも似たような状況にあるのです。「仕事がいつまでも終わらない部下につき合わされる」ということです。

上司は部下に仕事をさせます。これは実は面倒なことで、**上司は、部下に出した指示が完了し、その成果を点検するまで自分の仕事が進まない**のです。したがって上司は、自分の出した指示を、一瞬でも早く完結してくれることを望みます。しかし、部下がなかなか手をつけない、動きが遅い、能力が低い、やる気がない、などといったさまざまな要因から、上司はいつまでも待たされることになります。

資料作成を頼んだのに、一時間以上経っても一文字も入力されていないことを知って、上司は愕然とします。部下が複数いて、どの部下もみなこんなふうだったら、上司は暴れたくなってしまうでしょう。

まだ上司はいいのです。部下を叱責して催促することができます。他の部下に回すことも、待ちきれなくて自分でやってしまうこともできます。しかし、「仕事がいつまでも終わらない上司につき合わされる部下」だとしたらどうでしょうか。これは悲劇です。

頼んだことをいつまでも先延ばしにする上司、返事をくれない上司、自分より手ののろい上司、そんな上司の決裁や成果を待って、仕事が滞留する。それでも部下にはけ口はありません。精神を病みます。肉体も病みます。

上司であっても部下であっても、仕事をさっさと終えられない人は、周囲の人の精神衛生を阻害し、絶望させているということを忘れてはいけません。ソ連の拷問並に酷いことをしているのです。

自分が自分を絶望させる

仕事が遅いということは、周囲に苦痛を与えるだけではありません。他ならぬあなた自身に、よけいな負担をもたらします。

段取りが悪くて作業が順調に進まない。スケジューリングが悪くて、時間がかかる割にはかどらない。難しい仕事でなかなかこなせない……。こうしたことは、物理的な負担でもありますが、あなた自身の意欲を低下させます。

上司、同僚、部下など、周囲の人が悪いならば、その人のせいにすることもできますが、あなた自身に起因することで仕事が進まないとすれば、あなたの自尊心を無意識に傷つけます。そしていつの間にか、あなたはいっそう自信を失くし、前へ出ていけなくなるのです。

あなたが今している日々の残業は、あなた以外の人の要因で発生しているものですか？　だとしたら、粛々とこなしてさっさと帰りましょう。あなたのブラッシュアップにつながるものであるなら、ビジネススクールに通っていると思って、楽しくこなしましょう。組織のために、あるいは取引先のために明らかに役に立つことなら、よろこんでやりましょう。

しかし、あなた自身の要因で、本来ならやらなくてもいい残業をしているとするなら、それはあなた自身を疲弊させるだけです。すぐにやめるべきです。

自分が正当にラクをすることを考えましょう。仕事が難しいのは、

・知らないこと、わからないことである
・やったことがない、もしくは経験が少ない
・成功体験がない
・「あるべき姿」がわからないからプロセスがわからない
・気分が乗らない

のいずれかだからです。どれも、「考える前にまずやってみる」ということを徹底してやれば解決します。逆に言えば、自分で動き出さなければ、永遠に解決しないことばかりです。さっさとやってしまえば、少なくとも、無為に時間を費すということはなくなります。そして気分がスッキリします。

あなたは周りの人を時間によって無為に痛めつけていませんか？　あるいはあなた自身を痛めつけてはいないでしょうか？

［改善］

22 短時間で結果を出す

――時間がかかるからあなたにはイラつく

だから結局なんなのよ！

ある本を探して、有名チェーンの書店に行きました。私は検索の機械でその本を探し、地図を印刷しました。ところが、その本がどの書棚にあるのか地図ではわからなかったのです。レジでたずねようとカウンターに行くと、早い時間だったせいかレジがひとつしか空いておらず、人が並んでいました。レジの人は、「レジお願いしまーす」と叫んでいるのですが、他の店員は来ません。七回叫んでようやく、三十前くらいの男性がのろのろと歩いて来ました。そしてゆっくりカウンターに入り、「お客様、どうぞ」と言ったのです。

もうこの時点で私はイライラしていましたが、印刷した地図を見せて、「この本がどこにあるかわからないんですが」と言いました。

店員は二十秒くらいその紙を見て、「お客様、これが現在の位置ですが、該当する書籍の表示が出ておりません。たしかに機械上は在庫ありと出たようですが、これを見ると表示されませんので、もしかしたらすでにお買い上げがあったのではないかと考えられます。今の段階でこの地図にないということは今在庫のほうが切れているという状態と考えられ……」などと話し始めたのです。

私は、「つまりないんでしょ？　手短に言ってください！」と声を荒げてしまいました。するとと店員は、「はい、ですから検索画面では表示されましても地図に印刷されないということですので、おそらく在庫切れなんじゃないかと……」などと言い出すのです。

本当はもう帰ってしまいたかったのですが、悪いことに取り寄せていた本をそこで受けとらなければならなかったので、その旨を伝えました。書名と私の名前を言って、探してもらったのですが、カウンターの取り置きのスペースには七、八冊くらいしかないのに、一つひとつ眺めて見ているので、さらに私はイラつきました。

そして一冊を選び出し、「お客様、このご予約はネットからのものですので、カードのみのお支払いになりますが、よろしいでしょうか？　また当店ではカードは○○、××、△△のみで、ご一括でのお支払いをお願いしておりますが、いかがいたしましょうか？」などと訊くのです。

私は手に持っていた○○カードを差し出して、「いいから早く包んで下さい！」と叫びました。「はい、カバーは……」「もういいから、袋に入れてください！」。レジ処理をして帰ろうとすると、「お客様、このレシートは税務処理に使えるものですが、領収書もお書きすることはできますが、レシートでよろしいですか？　領収書をお書きしますか？　それから……」などと言い出したので、「もういいですから！」と帰ってきました。

私の他に客は二人しかいなかったのに、これだけのことで六分以上かかってしまいました。関東では有名なチェーン店ですが、私は金輪際その書店に行くことはないでしょう。

「丁寧」と「のろい」は違う

この書店の店員に悪気はないのでしょう。むしろ、私がイライラしてきたことに気づいて、丁寧な応対をすることで私の機嫌を直そうと頑張ったのかもしれません。だとしたら、間違った努力でした。

何かを説明するときは、

一．結論を先に

二．５Ｗ２Ｈを入れる

三．短く

が大原則です。

人はまず何を知りたいのか。プロセスではなく結論です。

私のケースの場合は、「ありますか？」「申し訳ありません、切らしております」、これでよかったのです。そのうえで事情を説明する、というのが正しいやり方です。

人の話がわかりにくい、ややこしいというのは5W2H、つまり、「いつ・どこで・誰が・何を・なぜ・どのように・どのくらい」が入っていないときです。そして長ったらしい表現は、言い訳とごまかしを感じさせます。それだけで信用を失います。

言葉はその人の思考の源泉です。その人の言葉は行動と直結します。

普段から「結論を先に」「5W2Hを入れて」「短く」を意識して話している人は、行動もそのまま機能的です。逆に「なかなか結論を言わない」「5W2Hが抜けている」「一文が無駄に長い」という人はほぼ百%動きが遅いのです。改善16でも言いましたが、こういうのを「愚図の大忙し」と言います。

自らの発言を右の一から三のように変えましょう。すると思考が機能的になり、自然と無駄な動き、時間がかかる動きをしなくなります。

企業でも公的機関でも「丁寧過ぎて苛立つ人」というのがいるものです。もしあなたがそういう人であったら、すぐに変わってください。そのためには、まず人に話をするときの原則を変えてください。そうすると、行動に無駄がなくなり、結果が早く出るようになります。

［改善］

23 空気を読めば動きは速くなる

——あなたはなぜ無能だと思われるのか

動きが遅いのは、状況判断ができないから

ある牛丼チェーンでは、オーダーして早いと四十五秒程度で牛丼並が出てきます。通常は一分十五秒くらいで、混んでいると二分以上かかります。

ところが都内某所のある店は、ターミナル駅の前なのでいつも混んでいるのですが、一分三十秒以上待たされたことがありません。

店長なのかバイトのチーフなのかわかりませんが、二十代と思われる女性が、見ていても気持ちいいくらいにすばらしい司令塔になっていて、オーダー、配膳、レジ、片づけが滞ることなく進んでいます。

私が月に一回くらい仕事で出かける都内のある住宅地があります。そこにも同じ牛丼チェーンの店があり、近くに飲食店がないので、そこで牛丼を食べることがあります。

ところがこの店は、同じチェーンですから同じノウハウとマニュアルでやっているはずなのに、盛り場でもないのにいつも待たされるのです。二分以内に牛丼が出てきたことは、一

度もありません。計ってみたら一番早いときで二分三十五秒、ひどいときには十二分かかったこともありました。

見ていると、この店のオペレーションのひどいこと。洗っていない丼が積んであるのに洗いもせず、並べたコップに女の子がお冷を注ぎためています。男の子はオーダーを受けたのに内容を忘れてしまい、お客のところに戻って聞き直しています。厨房のおじさん二人はオーダーが覚えきれなくて、ホールの子たちに何度も聞き直しています。

会計をしようとしている人が、店員を呼んでもレジに来ないのでお客が溜まり、空いた食器をいつまでも下げないので、並んで待っている来店者も座れません。玉子を頼んだのにまったく違うお客のところに持っていって突き返されていたり、食べ終わるまで味噌汁が来なかったこともあります。

周りに飲食店がないので、いつもそこそこに混んでいますが、店内のお客で食べているのは六割程度、残りの四割はなかなか出てこない牛丼を待っているか、会計を待っているかです。しかし、ここまでひどいと逆に面白くなってきます。

この効率の悪さは、店頭を回す技能が低い、作業をこなす要領が悪い、ということなのでしょうが、私は「この店舗の人たちは状況判断力に欠けている」ことが根本原因と見ています。目の前の現状を理解し、それに見合った行動をとる、というごく基本的な状況判断ができないから、店を回すことができないのです。

基礎学力の鈍化が動きを鈍くする

状況判断が遅い、もしくは正しくない、というのは、「感性が鈍い、低い」という言葉で説明されることがあります。これは正しいでしょう。しかし、感性が磨かれるのを待つのは相当時間がかかります。人によって、場合によって、状況によって、感性の磨き方はさまざまで、効果が出ているかどうかを判断すること自体に時間がかかります。

そこで、誰もが必ず空気が読めるようになる方法があります。それは、**読み書き計算をたくさんすること**です。

東北大学の川島隆太教授が提唱した「脳トレ」は、基本的には読書と書き物と計算ドリルをたくさんやることで脳を活性化し、思考力を高めるというものです。これを毎日するのです。読み書き計算の絶対量が減っていることが、頭を弱める原因なのです。

動きが鈍いのは、適切な判断を瞬時にできないからです。体の機能、知識や技術、やる気や根性の問題ではなく、考える力が鈍っているから、動きが鈍くなるのです。

ここで間違えないでいただきたいのは、これは「頭が悪い」ということではありません。私は、四万人以上の方々に研修や演習で直接指導してきましたが、「頭が悪い」と感じた人はひとりもいませんでした。しかし、「頭が鈍ってきているな」と感じた人は多くいました。

人間と機械を一緒にしてはいけませんが、どんなに高性能のパソコンでも、中にソフトがインストールされていなければ、単なる箱です。ソフトを入れても、機械を回すシステムの動きに異常があれば、やはり機能しません。人間の頭も同じです。ソフトを入れてきちんと回さなければ、正しく速い判断ができず、したがって、正しく速い行動がとれないのです。やる気もあって勉強もしている、やるべき方法も示されている。しかし仕事が遅い、という人は、頭が鈍ってきていると自覚しましょう。

遅いというのは、標準作業時間に比べて遅い、あるいは同等の仕事をしている人と比べて遅い、または、手を抜いているわけではないのに自分で思うように仕事がはかどらない、という場合です。

こういう自覚、あるいは指摘がある人は、**「月に最低三冊の読書」「毎日手書きで日記を書く」「毎日計算ドリルを五十問解く」**ということを続けて下さい。そうすると頭は四週間で活性化してきます。自分でもはっきりわかるくらい、頭が回っているのを感じ取ることができます。すると、あなたの仕事は確実に速くなります。

重ねて言いますが、賢い人でも基礎的な勉強の訓練をしないと俊敏さは衰えます。毎日の頭の体操は万人に必要なのです。

［改善］

24 「ちゃんとやる」は厳禁

――時間をかければちゃんとするわけではない

相手がすぐによろこべば、それが正解

亡くなった私の祖母は洋食屋の娘で、嫁に来るまでは長女として店を切り盛りしていました。祖父が現役で仕事をしていた頃は、よく家にお客が来ました。すると祖母はすぐに灰皿を出し、ビールを抜くか一升瓶を出して、缶詰を開けてちゃっと醤油をかけて、「ちょっと飲んでてちょうだいね。なんか仕度するから」と迎えました。

祖母は自分が喫煙者でしたから、まず灰皿を出すという感覚があったのでしょう。そして酒飲みでしたから、飲める人にお茶とお菓子を出すなどというのは無粋だ、と思っていたのだと思います。というよりも、祖母は人を訪ねたときに灰皿も出てこないで、酒飲みだと知らないわけでもないのにお茶を出されたことが何度もあって、「自分はこんな間抜けなことはすまい」と思っていたのでしょう。

これは「ちゃんとした接待」かどうか。親戚の中には、「あんたのおばあちゃんは缶詰開けてそのまま出すような人だったけど、私なんかはそういう明け透けなことをする勇気はな

かったわねぇ」などというおばさんもいました。

しかし、身びいきになりますが、私はうちの祖母のやり方は正しかったと思います。あれこれ仕度しているうちに、「それじゃ帰ります。お邪魔しました」と口も湿さないでお客が帰ってしまったら仕方がないのです。丁寧にお茶を出されるよりも、タバコ吸いはまず灰皿を出されたほうがうれしいのです。

今はタバコを吸わない人が多くなって、「まず灰皿」という家も減りましたが、わが家では人が来たら（明らかに吸わない人や子供以外には）灰皿を出しなさいと言われていました。「ああかしら、こうかしら」、「ああしたほうがいいかしら、こうしたほうがいいかしら」と工夫するのは悪いことではありません。しかし、それも度が過ぎるとかえって役立たずというものです。それだったら、**多少稚拙でもガサツでもいいから、サッと行動に移して**しまったほうが、はるかに気持ちがよく、役に立ちます。

百点のことをやろうとして時間をかけるよりも、八十点でいいから短い時間で相手がよろこんでくれれば、そのほうが正解なのです。

こねくり回してかえって悪くなる

サービス業を展開する企業の営業部長の小島さんは、完璧を求めるタイプのようでした。

五日間の研修に参加されましたが、質問は細かく、休憩時間にもよく私のところに確認に来ました。ノートは細かくとっていたし、テキストをいつも読み返していました。

私は、「立場が立場だから、しっかり研修の成果をあげなければ、と必死なんだな」と思っていました。年齢も五十に手が届くくらいでしたから、若い人に負けてはならない、とも感じたのだと思いました。結構なことだな、と思って初日は見ていました。

ところが、二日目、三日目と見ていると、どうも「完璧主義」というのとは違うのです。「神経質」と言ったほうが適切なようで、チームで課題を進めていても、小島さんがひっくり返してしまうのです。「これでは他のチームに負けてしまう。もっといいものにしよう」と言うのです。たしかに、他のチームとディベートをしたり、チーム対抗でプレゼンテーションをする、という研修でしたから勝ち負けはあります。しかし、小島さんはあまりに勝ち負けにこだわっていて、話が先に進まないのです。

チームの仲間は三十代、四十代で小島さんが最年長でした。ですから、小島さんの意見が通ります。私は小島さんに、「限られた時間の中でどれだけできるかを練習するカリキュラムですから、もっと作業のテンポを上げてください」と言いました。小島さんは「私はそういう手抜きなやり方はしたことはありません」と言います。私は好きにさせてみました。

四日目にディベート、五日目の最終日にチームプレゼンをやってもらいました。案の定、小島さんのチームは咀嚼《そしゃく》しきれていなくて、どちらも尻切れトンボで終わりました。六チームのうち、小島さんのチームは最低評価になりました。

私は改めて小島さんを呼び、「これが小島さんの求めた結果ですか？　結局は他のチームのほうができがよかったじゃありませんか。今回みたいに小島さんは普段から部下の方たちを潰してるんじゃありませんか？」とたずねました。小島さんは、他のチームと自分のチームのできの違いを、点数で見せつけられ、私の言葉に反論できませんでした。

その後、小島さんは自分の考えを改めてくださったようです。百点ではなく、まずはどんどん進めていく、というやり方に変えていったとのこと。これは次のコースの研修に参加した小島さんの同僚の管理部長が話していたので、研修も無駄ではなかったと思いました。

小島さんは拙速《せっそく》を受け入れられるようになりました。これはよいことでした。あなたが、「百点を目指してじっくり仕事する」というのが正しいと思っているのなら、それは誤りです。あなたの自己満足です。百点を求めて、結局やり切れなくて低い点数になるのなら、それは会社員として正しいとは言えません。

もっとも、会社員は常にいい仕事をしなければなりません。このバランスを上手に取れる人が「仕事ができる人」です。しかし、かけていい時間は「標準作業時間」以内で、それ以上はかけ過ぎと考えましょう。

「きびきび行動」のまとめ

一．時間がかかる、動きが遅い、というのは相手をイラつかせる行動である。遅い人は、

イ．移動が遅い

ロ．作業が遅い

ハ．着手が遅い

ニ．段取りが悪い

ホ．時間を意識していない

のいずれかである。自分に当てはまるものは、改善しなければならない。

二．行動のスピードを高めるには、時間を計ることがもっとも有効なことである。ストップウォッチを常に携行し、あらゆる作業の時間を計って、より短い時間でより高いレベルのアウトプットとなるように動くこと。

三．考える力が弱い人は、動きが遅くなる。読み書き計算をしよう。

四．百点主義ではなく六十点主義、八十点主義でいこう。百点主義は業務の停滞を招く。

五．遅い人は愚鈍に見える。あるいは露骨に反発しているように見える。

3章

「自分から挨拶」

［改善］

25 困りたくないなら充分に挨拶する
——挨拶していないからあなたは疎まれる

挨拶のない人は愛されない

「コミュニケーションが大事である」ということは、誰もが認めることでしょう。世の中には、コミュニケーションに関するセミナーや書籍があふれていて、コミュニケーションスキルを伸ばすための勉強を、多くの人が進んでしています。しかし、「挨拶をちゃんとする」ということは、案外疎かになっています。

職場でのコミュニケーションの役割は大きく分けると、

①情報伝達
②意志疎通
③人材育成
④業務改善
⑤風土刷新

の五つです。これらをすべて、効率的かつ効果的に実現するために、コミュニケーション能力を磨くことが求められます。それぞれの目的をはたすためには、それぞれ工夫すべきことがありますが、**いずれも「挨拶をしなければ始まらない」**ということを、改めて認識することが大事です。

どんなにトークがうまくても、ロジカルシンキングに優れていても、心理学的素養があっても、筆が立っても、挨拶をしない人は、コミュニケーションスキルはゼロだと言えます。挨拶をしないということは、「私はあなたに関心がありません」「私はあなたと協調しようとは思いません」「私はあなたをそんなに好きではありません」という、直接的な意思表示です。

したがって、挨拶をしない人は好感を持たれることはありません。

また、いきなり話の本題に入っても、まだ相手には受け入れる準備が整っていません。まずは、挨拶をすることが話の導入になるのです。せっかくの話術も挨拶なしには発揮されません。「挨拶しろなんて、子供じゃあるまいし」という人もまだいますが、その子供がするようなことすらできない人が、世間的に評価されるわけがありません。

挨拶をしないとコミュニケーションがはじまりません。はじまらないから成立しないし、コミュニケーションが成立しないから評価もされません。評価されないから、かわいがられることもないのです。

あたりまえの理屈ですが、私たちはつい、このことを忘れてしまっているのです。

情報弱者にならないために

「自分には情報が回ってこない」という状況はつらいものです。特定の人に情報が回らない、ということがあれば、それはいじめです。

しかし、**普段からの人づき合いが充分でない人には、なかなか情報は回ってきません。**周囲の人たちに悪意がなかったとしても、話す機会の少ない人にわざわざ情報を回すほど、人は、親切ではありません。まして好意を持っていない人に積極的に話してくれるほど、優しい人はいません。今の社会でいじめがないとは言いませんが、好かれていない人が〝情報弱者〟になってしまうのは自然の道理です。

そもそもプロの職業人たるもの、**情報は与えられるものではなく、自分で獲得するもの**という姿勢が必要です。自分で情報を収集しようと思ったら、自然と人に話しかけるはずです。人と接触を持とうとするはずです。となれば、まずは挨拶を自分からするはずです。

それなのに挨拶を疎かにするのは、自ら情報収集の機会を放棄しているということです。こう考えてみたら、「挨拶なんて気恥ずかしい」などと言ってはいられません。

たとえば、「おはようございます」という挨拶は、

①「今日も一日よろしくお願いします」という**協調性のアピール**

②「今日も私は頑張ります」という**やる気のアピール**
③「今日も私はやれます」という**能力と用意のアピール**

をする言葉です。これがきちんと言える人は、一緒に協力しようという心持ちを持っている、やる気も自信もあり、少なくとも自分なりに仕度してきたという意志表示はできます。

逆に「おはようございます」が言えない人は、やる気も自信も自覚もなく、仕度もできていない、ということをアピールしているようなものです。いくら周りの人が好意的に接しようとしても、こんな人に仕事を任せたいとは思いません。

今の時代、いくら有能な人、成果をあげた人であっても、ちょっとしたきっかけで職を失ってしまう時代です。ただでさえそんな世の中なのに、あなたはなぜきちんと挨拶しないのでしょうか。この厳しい競争社会で、挨拶をしないということは自殺行為なのです。

挨拶をバカにしてはいけません。しかし、どうやったら「ちゃんとした挨拶」になるのかを、常に意識できている人があまりにも少ないのが現実です。

以降では挨拶のあり方、誰でもできる挨拶の改良の仕方について記します。挨拶は子供でもできることです。しかし、大人は子供よりもいい挨拶ができなければなりません。

あなたはあなた自身のために挨拶をきちんとすべきなのです。

［改善］

26 自分から声をかける
――挨拶してもらうほどあなたは偉いのか

もう向こうから挨拶される時代ではない

近畿地区のある小学校で、校長先生が校門のところに立ち、登校してくる児童一人ひとりに、「おはよう！　おはよう！」と声をかけていました。子供たちは「おはようございます！」と返事をして学校に入っていきます。

ところが、一人の男の子が何も言わずに走って行ってしまいました。その子に向かって校長先生は、「こら、おはようくらい言いなさい？」と声をかけました。その日の午後、その子の母親が学校に怒鳴り込んできました。何と言ってきたと思いますか？

「あんたら教育公務員で、私らの税金で食べてはるんやないの！　何でうちの子に挨拶さすねん？　あんたらが〝いつもありがとう〟いうてお礼言うのがあたりまえですやん！」

今の時代、「三尺下がって師の影を踏まず」などというのは死語でしょう（実際に公立小中学校の先生方の研修で質問してみたら、先生なのに知らない人が、七割を超えていました）。こんな有様ですから、学校では、「挨拶しましょう」は言えても、「挨拶しなさい」とはもう言えないのです。

もちろん、きちんと礼儀・マナーの指導をしておられる先生方は、今も少なくありません。しかし、学校や地域によっては、そんな指導もままならない時代になっているのです。

本来挨拶とは、年少者から年長者へ、目下から目上にするものでした。「でした」と言うのは、昨今は学校でも一般社会でも、そう心得ている人が減ったからです。今では、「挨拶は下からするもの」などと考えていると、遠くない将来、職場で挨拶する人などいなくなってしまうでしょう。若いほうから、目下からというのが挨拶の原則ですが、これからは年長者、上席者も自分から声をかけるということをしなければなりません。

もちろん、**若い世代の人は率先して自分から挨拶**をしなければなりません。ことに新入社員は、現時点では職場で一番若くて一番新しい人です。自分からどんどん挨拶できなければ、いくら時代の風潮が変わったと言っても、職場の大人たちはあなたを許しません。

以前、ある有名企業で新人研修をさせていただきました。

朝、受付のところにいても、誰も私に挨拶をしません。休憩時に研修生とすれ違っても、誰も私におじぎも挨拶もしないのです。昼休みにすれ違っても挨拶がない。頭に来るというより、純粋に「何でだろう?」と思いました。

そこで、午後の研修再開時に質問しました。「今朝から、どなたも私に挨拶をなさらないけれども、なぜですか？」

この新入社員たちは、私を「出入業者」だと思って軽く見ているのかな？　と思っていました。するとひとりの男性が手を挙げました。その人は何と言ったでしょう？

「先生はよその人だからです！」

まだ、「自分たちのほうがお客だから」くらい言われたら（正しい発想ではないものの）、わかるなと思いましたが、まさかの答えでした。

その会社に入るためには、相応の有名校出身で相応の試験を通ってきているはずですが、こんな幼い答えが返ってくるとは驚きました。付き添いの人事の方たちも、気まずそうな顔をしていました。

自分から挨拶をしない人は空気を読めない人

挨拶は主に、

①私はあなたに敵意はありません
②私はあなたのことを嫌いではありません
③私はあなたと協調しようと思っています

という意思表示です。これは、仕事をしていくうえでは老若男女、役職等級にかかわらず、お互いに示しておくべきことです。

改善25でも記しましたが、「おはようございます」の一言がないということは、相手への反発を表わします。戦略的にケンカをしようというのなら、それでもいいでしょう。しかし、それはあなたが勝つケンカに限られます。職業人は、勝ち目のないケンカはしてはなりません。

挨拶を自分からしないということは、単なる礼儀知らずというだけでなく、状況判断ができないと判断されます。あなたから挨拶をされなかった相手は、

「こいつは自分の立場がわかっていない」

「こいつは先を読む力がない」

「こいつはうまく立ち回ることができない。世慣れていない」

「こいつは周囲に気配りができない」

「こいつはボーッと生きている」

とあなたを判断します。**簡単に言えば「バカだ」と思われる**のです。

新人研修で私に挨拶をしなかった例の人たちに三年後に会いました。今度は向こうから挨拶がありました。よほど社会に叩かれたのでしょう。「よそのおじさん」の私に丁寧な応対でした。

［改善］

27 立腰の姿勢で挨拶する

――だらしない挨拶ならしないほうがいい

胸を張るのではなく腰を立たせる

姿勢を正すには、「胸を張りなさい」とよく言いますが、これでは不充分です。正しくは「腰を立たせる」、すなわち「立腰」の姿勢を保つことが大事です。

立腰とは、森信三先生が提唱した概念ですが、腰骨を立たせて上体をまっすぐに伸ばすということです。古来から茶道でも武道でも、腰を立たせることの大事さが言われています。胸を張ることを意識しても、腰が立っていないと全体にだらしなく見えてしまいます。また腰を立てずに座ると上体を伸ばすことは絶対にできません。

では、腰を立たせるにはどうすればいいのか？

①立つときは膝をまっすぐに伸ばし、その膝の上に腰骨を乗せるように意識する

前傾姿勢になると肩が膝の上に乗って、おしりが後ろに出てしまいます。逆に、上体を後ろに引き過ぎると、お腹が前に突き出てしまい、腰骨は膝の上に来ません。

腰骨が膝の真上に来るようにするのです。これは、気をつけの姿勢でも休めの姿勢でも、「待機姿勢」（手を前に組み、相手の指示にすぐしたがえるように立つ）でも同様です。

②腰かけるときは、背もたれの根元（座面と背もたれが直角に交差する位置）に腰骨を固定するように深く座る

おしりをしっかり固定すると、自然と腰骨が立って背筋が伸びます。ちなみにこの姿勢で腰かけると、足を投げ出す、足を組む、背もたれに寄りかかる、目の前の机や台に前屈みになるということがしにくくなるので、悪い姿勢の防止にもなります。

背もたれにバネがついていて、後方に大きく反ってしまう椅子の場合は、肩の真下に腰が来るように意識します。

慣れてきたら（苦にならなくなってきたら）、椅子に浅く腰かけて腰を立たせると、より美しく見えます。背もたれがない椅子の場合も同様です。

③床や畳に座るときは、正座でもあぐらでも、胸の位置を真上に十センチ持ち上げるように意識すると、自然と腰が立つ

この姿勢は内臓を圧迫せず、背骨をあるべき姿に維持するため健康にもいいです。

かつて私も、研修やセミナーでは、「胸を張りましょう」と言い続けてきました。しかし、いくら胸を張っても、腰が起きていない人は美しく見えないのです。また、姿勢が不自然な感じがするのです。そこでここ数年は、「立腰をせよ」と言うように改良しました。すると、特に接遇研修などでは、見た目が明らかに変わりました。

本当は子供のうちに身につけておきたい「立腰」ですが、大人になってからでも数日気をつければ体が慣れます。とにかく腰を立たせましょう。

悪気がないのに尊大に見える人

岡田さんは、二十七歳のシステムエンジニアです。自社内でシステム開発をしているときもあるし、クライアントに出向して、先方の社内で仕事をすることもあります。

岡田さんは論理的思考もでき、段取りよく計画を立て、きちんと作業をこなしていきます。また勉強熱心で、コンピュータ言語やシステムに関する資格も、年齢相応以上に取得しています。日進月歩の業界にあって、充分に及第点をつけられる人です。

しかし岡田さんは、ときどき出向先からクレームがつけられることがあります。「若いくせに態度がでかい」「客先で仕事をしているという謙虚な姿勢が見られない」というのです。

仕事自体はできる人ですから、テクニカルなクレームはないのですが、姿勢や振舞いについて不満を言われることがたびたびなのです。そこで、会社から言われて、岡田さんは私の接遇研修に参加しました。

事前にそういう人だと聞いていましたから、私はどんなふてぶてしい人が来るのかと思っていましたが、表情も明るく動きも速く、声も元気で、一見するとそんなに悪く言われるようには見えないのです。しかし、すぐにクレームがつく原因がわかりました。岡田さんは腰が立っていないのです。

私の質問にも的確に答えるし、ノートも細かく取っているので、話はよく聞いているのでしょう。しかし聞いている姿勢が悪いのです。足を投げ出す、ふんぞり返るというのではありませんが、だるそうな座り方なのです。挨拶練習をしても、腰が起きていないので頭しか下がらず、おじぎに見えません。「ああ、これではたしかに偉そうに見える」と思いました。

私は、岡田さんに、腰骨を起こして立つ姿勢と座る姿勢の練習をしてもらいました。そして、「あなたは腰が立っていないから、必要以上に見た目で損をしている」と伝えました。鏡の前で特訓したので、岡田さんも自分の見た目の悪さを自覚したようでした。

二ヵ月後に、私は別件の用事があって岡田さんの会社をたずねました。たまたま岡田さんは出向期間が終わり、内勤をしていました。チラッと挨拶をしただけでしたが、岡田さんはこの八週間、ずいぶん自分なりに気をつけたようです。腰が立った、いい姿勢になっていました。上司によると、出向先での評価も上がり、仕事のリピートも来ているとのことでした。

挨拶は絶対にすべきことです。しかし、変な姿勢でしてしまうと、かえって誠意を疑われてしまいます。だらしない姿勢での挨拶をやめましょう。

［改善］

28 お通夜とお詫び以外は笑って挨拶
――暗い顔では挨拶は成立しない

暗い顔の人には心は開けない

伊藤さんは入社一年目の新入社員です。東京育ちの伊藤さんは、神戸の支店に配属になり、一人暮らしをしていました。社会人生活にもまだ不慣れなことが多いのに、知らない土地ではじめての一人暮らしは、伊藤さんには辛いものでした。

職場の上司や先輩たちは、伊藤さんをかわいがってくれるし、好きで入った会社ですから、仕事自体は毎日やりがいのあるものでした。だから伊藤さんは、自分が不幸だとはけっして思いませんでしたが、東京が恋しくてしょんぼりすることも少なくありませんでした。

あるとき伊藤さんの支店に、名古屋支店にいる同期が出張で来ました。久し振りに仲間に会った伊藤さんは、もううれしくて仕方がありませんでした。夜も自分のマンションに泊まってもらい、夜中までいろいろなことを話しました。

その仲間が出張を終えて名古屋に帰った後、支店長が伊藤さんに言いました。

「伊藤君でも笑うことがあるんやなぁ……」

伊藤さんはびっくりしました。自分ではけっこう気さくで明るい人間だと思っていたし、神戸に来て半年近くになるのに、今さらそんなことを支店長に言われるとは意外でした。

伊藤さんは先輩にたずねました。「ぼくは、普段笑っていないでしょうか?」。先輩は、「俺の前では笑うこともあるけど、課長や支店長の前ではあまり笑えへんやろな。まあ緊張しとんやろけど、おまえの顔は固いちゃ固いわな」と言うのです。

ある日、取引先の仲のいい問屋さんと同行することがありました。営業車を運転しながら、伊藤さんは支店長や先輩とのやりとりを話しました。問屋さんはこう言いました。

「ぼくは伊藤さん好きやけど、伊藤さんはうちに来てもあまり笑えへんしなぁ。ぼくとこの上司も、伊藤さんは笑えへんなあて言うてますよぉ」

たしかに伊藤さんは、学生時代よりも笑わなくなっていました。接客のバイトをしていたので、学生時代は人よりもきちんと笑えると自負していましたが、仕事が辛い、日々さびしいという思いが顔に出てしまっていたのです。しかし、周りがみんなそんなふうに思っているとは考えもしませんでした。

もしかしたら、神戸でまだ友達が少ないのも、職場での緊張がほぐれないのも、自分の顔が固いからではないかと考えると、思い当たるような気がします。「自分はここの人間ではない」という感覚もありました。だから、こちらの人も充分に心を開いてくれないのかもしれない、と思いました。

まずは笑って挨拶してみよう

伊藤さんは、まずは社内でもっと笑おうと考えました。職場のドアを開ける前にトイレに入り、鏡で一度笑顔を確認してから、「おはようございますっ」と軽やかに言おう。また「かしこまりました」「よろしくお願いします」「ありがとうございます」「お先に失礼します」は必ず笑顔で言おうと決めました。

「おはようございます！」――次の日から伊藤さんは笑顔で出社しました。先輩たちは、「何や、いいことでもあったんか？」と言いました。係長も、「伊藤は何やしらんうれしそうやなあ」と言います。「はい、何か今日は気分がいいんです」と伊藤さんは答えました。

その日は一日、笑って挨拶しました。家に帰ると、何だかその日一日が充実したような気がしました。次の日も、その次の日も、「おはようございます」「かしこまりました」「よろしくお願いします」「ありがとうございます」「お先に失礼します」は笑って言いました。

三ヵ月ほど過ぎたある日、伊藤さんは支店長の得意先周りのカバン持ちで同行しました。帰りに支店長が、車の中で言いました。「伊藤君はとうとう神戸の子になったなぁ」。伊藤さんは、「そうですか？　ここの人間になれてますでしょうか？」とたずねました。支店長は、「いつも笑ってるようになっとおやないか。うん、神戸の子になった！」と言いました。
伊藤さんは特別なことをしたわけではありません。ただ、「おはようございます」「かしこまりました」「よろしくお願いします」「ありがとうございます」「お先に失礼します」を笑って言い続けただけでした。しかしそれを、支店の誰もが見ていました。そして取引先の人もよく見ていました。

笑って挨拶をするということは、「この人は心を開いている」「この人は自分に好意を持って接している」ということを相手に感じさせる行為です。逆に言えば、挨拶のときに笑わないというのは、「この人は自分に心を開いていない」「この人は自分に好意を持っていない」と感じさせます。

伊藤さんは、もともと社内でかわいがられる人でしたし、取引先でもよく声をかけられ優しくされていました。それなのに、「この子は笑わない子だ」と思われていたのです。ましてや、人から誤解されやすいタイプだったり、社外でも印象が薄いような人だったら、「この人は心を開かない人だ」くらいに思われていたかもしれません。

挨拶は笑ってしなければいけません。挨拶で笑ってはならないのは、お通夜とお詫びだけです。それ以外の挨拶は、笑ってしなければ好意を表わせません。

伊藤さんは今も転勤族ですが、うらやましいくらいに幸せに暮らしています。

［改善］

29 「14歳の頃の自分の声」で挨拶する

――人がもっともさわやかな声であるのは14歳

挨拶が老け込むと印象が老け込む

林さんが三十二歳だと知って、取引先の会社ではみな驚きました。四十は越えていると、その会社では思われていたからです。たしかに、よく見れば肌も顔つきも年相応なのですが、林さんは何となく四十過ぎだと思われていたのです。

しかし、林さんがしっかりしているとか仕事ができるとか、落ち着きがあるといったプラスの評価をされていたわけではありません。林さんは声に張りがなかったのです。

特に、たずねてくるときの「お世話になりまーす」という声が、暗くて弱々しくて、若々しさがまったく感じられなかったのです。普通に商談をして、普通に帰っていくのですが、ボソボソ話しているので、どうも明るさが感じられません。その取引先では林さんは、「年齢の割に出世してない、ちょっと気の毒な人」と思われていたのです。

林さんは、別に出世が遅れていたわけではないのですが、他人からはそう思われるくらいに老けて見られていたのです。それは身体的要因ではなく、挨拶や声の印象が原因だったのです。

声というのは年齢を印象づけます。プロの声優の声は、年齢をラクラク乗り越えます。

『ドラえもん』の声優陣が一斉に交替した当時、ドラえもんの大山のぶ代さんは六十八歳、のび太の小原乃梨子さんは六十九歳、ジャイアンのたてかべ和也さんは七十歳、スネ夫の肝付兼太さんは六十九歳、しずかの野村道子さんは六十六歳でした。全体に声優陣が高齢化したための交替と言われましたが、いずれの声優も、しっかり小学生の声でした。

一方で、林さんのように実際は若いのに、声に張りがないために老けて見られることもあります。

私は二十代半ばから「先生」と呼ばれる仕事をしていましたが、若い頃は上司に、「二十代だと思われると軽く見られるから、三十過ぎということにしておきなさい」と言われたことがありました。そして、「君は声が明る過ぎるから、二十代に見えてしまうんだ」とも言われました。「いやいや、二十代だから」と心の中でツッコミましたが、仕方なく地味めに挨拶をしていました。

このように、職種によって事情が違うこともありますが、一般に、暗い声で挨拶をすることで得なことはありません。**明るい声、やや高めの声で挨拶**したほうが相手にマイナスの印象を与えずにすみます。

変声期前後の声が最も明るい

男性も女性も第二次性徴の時期、つまり小学校高学年から中学生くらいのときに、声がそれまでよりも低くなります。その後は中年期と老年期に差しかかるときに声が低くなりますが、これは人によって時期が違います。

ジュリー・アンドリュースは、六十五歳で声帯ポリープの手術をするまで、四オクターブの声が出る女優、と言われていました。中国の大御所歌手の郭蘭英は、引退して久しく経ちますが、八十歳を超えても往時と変わらぬ音程で、歌を披露しました。しかし、こういう人は特別で、通常、人は年をとるにつれて声が低くなっていきます。

変声期前後は声のトーンが不安定ですが、この頃の声が多くの人にとって、人生で最も溌溂としています。そこで、この頃の自分を思い出して声を出すと、若々しい声になります。

前に出てきた林さんが、私の研修に来ました。三十二歳なのは知っていたし、見た目も三十過ぎの感じでしたから、最初のうちは普通に見ていましたが、接遇用語練習などをすると、どうも「オッサンくさい」のです。姿勢や表情はそれほど悪くないのですが、声が老けていて年齢相応の好ましさに欠けるのです。

私は林さんに、「十四歳の頃の声、つまり**自分が一番イケてた頃のイメージ**で、**挨拶**してください」と伝えました。さらに「その当時の同性のアイドルのイメージで、声を出してみてください」ということも追加しました。林さんは「重症」の部類と見受けられたので、「アイドルの声」もプラスしたのです。

一ヵ月経ち、また林さんに会いました。かなり挨拶の声が変わっていました。三十を少し過ぎたばかりの、青年の声になっていました。本当は、「年齢相応の声を意識して出しましょう」というのが正解なのかもしれませんが、それが自然にできるくらいなら、とっくの昔にそういう声が出ています。ですから私はあえて、「十四歳の頃の声をイメージしなさい」と伝えています。林さんにはそれが効いたようでした。

最近の小中学生は、学校であまり挨拶を厳しく教えられていないようです。いずれ、「十四歳の頃の声で挨拶」と言っても、通じなくなる時代になるかもしれません。しかし、元気さを印象づけるには、自分の変声期前後の、軽やかな声をイメージして挨拶をすることが有用なのです。

あなたが威厳を見せなければならない商売であるなら、この改善は当てはまりません。低めの声が安心感を与える場合もあります。しかし、大多数の職業人は老けて見られて得をすることはありません。**年齢相応、あるいはそれより若めの声で挨拶**をしましょう。そうすれば、あなたの印象は確実にアップします。

［改善］

30 頭を下げてはいけない

——おじぎは胸を床に見せる

ただ背中を丸めているだけの人が多過ぎる

昔から、おじぎをすることを「頭を下げる」と言います。多くの接遇研修でも、おじぎでは「頭を下げましょう」と説明します。しかし、実際には頭は下げてはならないのです。おじぎをするときは、**「胸を床に見せる」**ということを意識しましょう。改善27で示した「立腰」の姿勢をとり、そのまま背筋を丸めずに、胸を床に見せるようにするのです。**上体を一枚の板のように意識**して、まっすぐそのまま腰を折ります。

では、このようにせず、旧来の「頭を下げる」おじぎをするとどうなるのでしょうか。

①背中が丸まり美しく見えない

ものすごく立ち姿の姿勢がよい人が頭を下げれば、自然と胸を床に見せるおじぎになりますが、普段から猫背ぎみの人が頭を下げると、ただ猫背が際立つだけです。うつむいて、ふて腐れているようにすら見えます。

②よほど深くおじぎをしないと、おじぎをしているように見えない

胸を床に見せるおじぎをすると、上体全体でおじぎをしているように見えるため、浅いおじぎでも、しっかり敬意が見えます。しかし、頭を下げるおじぎだと、上体のさらに上半分、すなわち胸から上しか使いませんから、頭がひざに着くくらいの深いおじぎをしないと、相手からは、きちんとしたおじぎには見えません。

また、多少距離が離れているところにいる人に向かって、おじぎをしようとしたときに、胸を床に見せる形でやると、遠くの人が見てもおじぎをしているように見えます。

③何回もしていると、首しか折らなくなってくる

若い人に多いのですが、挨拶の練習をすると、「礼！」と号令をかけても、ただ肯くだけの人がいます。顎しか上下していないので「会釈」にすらなっていません。

雑にペコンと肯くだけでは、おじぎにならないのですが、おじぎの習慣がきちんと身についていない人に「頭を下げなさい」と言うと、十中八九、肯くだけで終わってしまいます。

また、体の硬い人や、普段あまりおじぎをしていない人が、何度もおじぎをすると、体がきついのか、頭しか下がらなくなってきます。

④座っているときのおじぎも汚くなる

腰かけているときも、座っているときも、おじぎは胸を床に見せるようにしなければなりません。そうでないと、目の前に机やお膳があったら、背中が丸まってお膳に挨拶しているように見えてしまいます。和室で手をついておじぎをする際には、頭が亀みたいに引っ込んで見えてしまいます。

⑤腰に無駄な負担がかかる

頭は人間の体の中でも、特に重量がある部位です。頭を下げようとすると頭の重みが腰にかかり、上体の重みも加わって、腰を傷めます。胸を床に見せるおじぎは、上体全体で背筋や腹筋も使うため、腰に過重な負担がかかりにくくなります。

なお昔からマナーの本などで、「自分のつま先の一ないし一・五メートル先を見ておじぎをすると、上体がまっすぐになる」と書いてあるものを見受けますが、これも間違いではありません。しかし、不慣れな人がこれをやると、顎が突き出てしまいがちです。やはり胸を床に見せる、というほうがやりやすいでしょう。

敵意を打ち消すつもりが尊大に

ある県の県税事務所に勤める青木さんは、税金を滞納している人から収税するために、訪問や面談をすることが主な業務です。

昨今の厳しい経済情勢の中、払いたくても税金をきちんと納められない事情がある人もいます。しかし、苦しくても税金を納めている人がいる以上、法の公正運用という点から、滞納者には速やかに納税してもらわなければなりません。

青木さんは滞納者の家庭を訪問します。恐縮して、ただただ申し訳ないと言う人もいますが、ひどい場合には逆ギレされてしまうこともあります。

「県税職員の態度が悪い！」と、青木さんも何度か本部事務所や県にクレームをつけられたことがあります。私はこの青木さんに会いましたが、物腰の丁寧なさわやかな印象で、とてもクレームをつけられるような人には見えませんでした。しかし、青木さんの挨拶の仕方を見て、青木さんへのクレームの原因がわかりました。

青木さんは身長が百九十センチ近くあるアメフトの経験者で、一見すると「ごつい」のです。そのため、頭を下げているだけでは尊大に見えてしまいます。相手にしてみれば「図体のでかいのが来て偉そうにして不愉快だ」ということになるのです。

私は青木さんに、「胸を床に見せるおじぎを徹底しなさい。そうすれば、あなたの体格の美しさが際立って、よけいに印象がよくなるから」とだけ伝えました。

もともと仕事はできる人で、他の振舞いはいい人ですから、おじぎの改良を始めてから青木さんへのクレームは激減したそうです。

体格のいい人は、よりいっそう気をつけて胸を床に見せるおじぎをしましょう。背が高くない人も、頭を下げるだけだと貧相に見えて、やはりよけいな損をします。

［改善］

31 頭を下げながら挨拶しない

──床に話しかけてどうする？

今こそ商売人は語先後礼の分離礼

挨拶をするとき、おじぎをしながら、「おはようございまーす」と同時に言う人がほとんどです。今の時代では間違いとは言い切れませんが、「言いながらおじぎ」という「同時礼」は、やはり正式ではありません。

丁寧なのは、言葉を言い終わってからおじぎをする、「語先後礼（ごせんごれい）」の**「分離礼」**です。立腰の姿勢で相手に正対し、「おはようございます」と語尾まではっきり言ってから、改善30で示したような、「胸を床に見せるおじぎ」をします。

おじぎを先にして、その後「いらっしゃいませ」というやり方もありますが、これは近畿式と言われます。江戸は武家の文化でしたから、先に挨拶の言葉を言ってからおじぎをするかたちが定着し、上方は商人の文化でしたから、まずおじぎをしてから挨拶の言葉を言うことが多かったようです。実際、東京発祥の百貨店と京阪神発祥の百貨店では、おじぎと言葉の順が違うこともあったと言います。しかし現在では、語先後礼の挨拶をしていれば、まず問題はないでしょう。

では、挨拶の言葉を言いながらおじぎをする同時礼は、なぜいけないのでしょうか。**同時礼をすると、挨拶の言葉が地面に行ってしまう**からです。

実際にやってみればわかります。「いらっしゃいませ！」と言いながらおじぎをしてみましょう。「いらっしゃいませ」の語尾の「ませ」は地べたに向かって言っているはずです。地面に挨拶しても仕方ありません。だから、相手に挨拶の言葉を伝えてから、おじぎをするのです。

タイミングとしては、深いおじぎのときは、

「おはようございます、一（いち）、二（にいー）、三（さーあん）！」のゆっくりめのリズムで、おじぎをします。「一」でサッと胸を床に向け、「二」で一旦静止、「三」でややゆっくりめに胸を戻します。

浅いおじぎのときは、

「おはようございます、一（いち）、二（に）、三（さん）、四（しっ）！」と速めのリズムのおじぎです。「一」で胸を床に、「二」で一旦止まり「三」で胸を起こし、「四」で相手を見ている状態になります。

私たちは「商売人」です。「いや、自分は技術者だから」「私は公務員だから」と言う人も

いるでしょうが、「仕事をすることで他人様からお金を頂戴して生きている」ということで言えば、職種は何であっても、商売人です。

商売人は、お客様に向けて心をこめなければなりません。床に愛想を振りまいても、意味がないのです。

日に日に雑になっていくコミュニケーション

吉田さんは家電量販店の販売員です。吉田さんの勤めている、都心の大型店の売場には、毎日大勢のお客様がつめかけます。特に、休日は目の回るような忙しさです。

この家電量販店では接遇を厳しく指導しており、分離礼での挨拶がきまりになっています。吉田さんも、入社してから分離礼の接遇の仕方を先輩から何度も指導されました。

入社して三年も経つと、吉田さんも商品や市場情報にくわしい、一人前の販売員になりました。しかし戦力になった今は、次から次へとやって来るお客様に声をかけ、呼ばれたらすぐに駆けつけ、あれやこれやと案内し、後輩のフォローもして、と忙しくなりました。

吉田さんの新人研修を担当した私は、買い物の用があって吉田さんの店に行ったことがあります。店内を回っていて、吉田さんを見かけました。新人研修のクラスの中でも、快活で発言もしっかりしていた吉田さんを私は印象深く覚えていました。「視察」で来たわけではありませんが、どんなふうに売場を回しているのか、と陰から見ていました。

吉田さんは頑張って接客していました。しかし、会計がすみ、お客様をお見送りするとき、「またご利用下さいませ！　ありがとうございます！」と、声は元気なのですが、床に向けて言っているのです。

私は、吉田さんを陳列棚の隅に呼びました。久しぶりの挨拶もそこそこに、私はすぐに言いました。

「お客様にお礼を申し上げてからおじぎをしなきゃダメじゃないか。あなたは並の販売員じゃなくて、特上の販売員にならなくてはいけないんだから、さっきみたいな雑なお見送りをしてはいけない！」

二週間後、今度は吉田さんの様子を見に行くためだけに、店に寄りました。吉田さんは、きちんと分離礼で接客していました。それから一年半ほど経って、別の店に異動になった吉田さんを見かけました。やはり分離礼で挨拶していました。

忙しそうだったため、私は声をかけずに帰りましたが、吉田さんは、今でも気持ちよく振舞ってくれていると信じます。

意識的な人でも、日に日に動きも振舞いも雑になっていきます。分離礼は、いつまでも心して続けなければ、すぐに同時礼に戻ってしまいます。

［改善］

32 聞こえなければ挨拶ではない
――聞こえても誤解されるかもしれないのに

周囲に埋没している人

上司が出社してきます。普通の会社では、すでに出社している部下たちが、その上司に向かって声をかけます。舞台やドラマではありませんから、順番に「おはようございます」「おはようございます」とセリフが被らないように言うことはないでしょう。三、四人か五、六人くらいでしょうが、ほぼ一斉に「おはようございます」と声をかけるはずです。電話中でもなければ、おそらくあなたもそうするでしょう。

このとき、あなたの声は間違いなく上司に届いているでしょうか？　他の同僚の声にかき消されていないでしょうか？　あなたの声が上司の耳に届き、あなたの挨拶の姿勢が上司の目に入っているでしょうか？

あなたは挨拶をしているつもりかもしれません。しかし、相手の耳に届いていなければ、それはしていないのと同じです。上司は聞いていないようでも、**毎朝、誰が自分に挨拶をしているかを把握**しています。そして、「A君はいつも明るく気持ちがいい」「B君は気持ちにムラがある」「C君はおっちょこちょいだが挨拶はきちんとする」と見極めています。そして挨拶が聞こえないことが頻繁だと、「挨拶ひとつできない奴だ」と判断します。ひどい場合は、「こいつは会社に対して反抗的だ」とまで思います。

「したつもり」というのは最も怖いのです。腹に含むところがあって意図的にしていないのなら、それはそれで仕方がないことです。こちらがケンカを売っているわけですから、向こうが不快に思うのも織り込みずみでしょう。しかし、悪意がなく、挨拶をしているつもりなのに、それが相手に届いていなかったら、あなたはあなたの知らないうちに〝反動分子〟扱いされてしまうことになるのです。

他の人に埋もれてしまってはいませんか？　他の人よりも弱い声、不明瞭な発音で挨拶をしていませんか？　仕事で周りに勝つことはなかなか容易なことではありませんが、**挨拶の声ならば決心して実行した日から、周りに勝つことができます**。

あなたは、「挨拶くらいしています」と胸を張るかもしれませんが、相手に届いていなければ、していないのと同じです。

「一事が万事」と言います。挨拶で埋没してしまうような人は、業務成績そのものでも、埋没しているのではないでしょうか。そして悪いことに、それに気づいていないのではないでしょうか。怖ろしいことです。

挨拶で忠誠心まで疑われる

古賀さんは、文具専門商社の営業員でした。仕事熱心で、早出も残業も文句も言わずにこなしていました。

入社して三年目に主任に、五年目に係長になりました。これも周囲の同年代の同僚たちや先輩、上司たちのペースとさほど変わらず、まあ妥当な流れだと思っていました。部下もつきました。古賀さんは、日々頑張って働きました。

入社して八年目、同期から課長が出ました。その人は同期の中でも優秀でしたから、古賀さんは、「あいつは順当に上がって行っているな」くらいにしか思いませんでした。翌年、同期から課長が二人出ました。このときも、古賀さんはさほど焦りませんでした。

さらに三年後、古賀さんの一期下から課長が出ました。この課長は経営者一族の人物なので、古賀さんは焦りも驚きもしませんでした。

ところが翌年、古賀さんは係長のままで、一期下からまた課長が出たのです。新課長は経営者一族とは何ら関係のない、叩き上げの社員でした。さすがに古賀さんは焦りました。

古賀さんはそれなりの成績を上げていたし、社内抗争に巻き込まれたという自覚もありません。古賀さんは、自分の何がいけないのかがわからず、ただ悶々とするようになりました。

そして眠れない日が続き、とうとう休職することとなりました。

そんなとき、総務人事部にいる同期が会いに来てくれました。古賀さんは、「もう、この会社ではやっていけないような気がする。何がなんだかわからないんだ」と打ち明けました。すると、その仲間は驚くようなことを言いました。「率直に言うけど、古賀はさぁ、営業本部長や総務人事に評判がよくなかったみたいだよ。〝あいつは挨拶もしやしない〟って。俺も人事に来てそんなこと聞いて、古賀がそんなに感じが悪い奴だとは思わないからさ、そんな話になってるんで驚いたんだよ」。

古賀さんには、思い当たることがありました。係長になった頃から、挨拶は部下からされるものと思い、上司に対しても、仕事の手を休めずにぞんざいな挨拶をすることがあったのです。

しかし、声も出しているからさほど不躾ではないと思っていました。ですが上司は、そんな古賀さんを許していなかったのでした。露骨に昇格に反映させるほどに怒っていたのです。原因がわかって、古賀さんは逆にホッとしました。

古賀さんは復職し、改めて周囲との人間関係構築に努めています。挨拶ひとつで忠誠心を疑われて、冷や飯を喰う愚かさを経験させないように、後進にはうるさく挨拶を指導するようになりました。そしてちょっと遅れましたが、古賀さんは課長になりました。

［改善］

33 相手を一瞬でもいいから見る

――相手を見ないのは敵意の表現

「私はあなたが嫌いです」

挨拶をするということは、「私はあなたが嫌いじゃありませんよ」「私はあなたに敵意がありませんよ」という気持ちを形に表わすことです。しかし、私たちはお互いに大人ですから、あまり好きな人でなくても、敵意を持っている相手でも、しかるべきときには挨拶をします。

したがって、挨拶には「心からの挨拶」と「お義理の挨拶」があると言えます。

「お義理の挨拶」というのは、「挨拶をした」という既成事実を作ることだけが目的のものです。「あいつは挨拶もしやしない」と言わせないための証拠です。

「お義理の挨拶」の特徴としては、

- **笑わない**
- **はっきり言わない**
- **軽やかに言わない**
- **立ち止まらない**

・目を見ない

といったものがありますが、最後の「目を見ない」というのが、実は最も相手に「お義理」という印象を与えます。

相手を見るということは、「私はあなたに言っているのですよ」と相手に訴えかけるボディランゲージです。逆に相手を見ないということは、「私はあなたに言いたくはないけれども、仕方なく言っているんだ」という非言語コミュニケーションです。

私が就職活動をしていた平成四年、五年頃は、「挨拶は相手の目を見てしなさい」というのと、「目上の人の目を凝視するのは失礼だから、相手のネクタイの結び目あたりを見て挨拶しなさい」という注意が半々くらいでした。欧米式の「アイコンタクト」という概念はありましたが、まだ昭和の名残で、「あまり目を見てもいけない」という指導も少なくありませんでした。

しかし二十一世紀ももう十数年経ち、「相手の目をじっと見るのは失礼」と言う人は一般の職場では少なくなりました。茶道や礼法といった旧来の作法では、目上には伏し目がちで話すのがよしとされていますが、もう今では、「仕事中は相手の目を見ること」と言い切って差し支えないでしょう。もし、年配者が相手で心配なようだったら、「相手の顎の先を見る」と置き換えても構いません。

いずれにせよ、相手を見ずに挨拶をしたら、「私はあなたが嫌いです」と言っていると思われても仕方がないのです。

「言いっぱなし」は軽視の現われ

「挨拶がきちんとできていないので直して欲しい」という会社からの要望で、町田さんが私の接遇研修に参加しました。

町田さんは二十代前半の女性で、それほど礼儀がなっていないようには見えませんでした。その日の朝、会場にも、「おはようございまーすっ！」と笑って軽やかに入ってきましたから、むしろこの年代としては感じがいい人だと感じました。質問にも明るい声で的確に答えるし、討議や作業の様子も積極的で、そんなに悪い子だろうか、と思いながら見ていました。

しかし、挨拶基本用語の実技テストをしてみて、町田さんの悪いところが、はっきりとわかりました。町田さんは挨拶をしておじぎをした後、相手と目を合わせないのです。ペコッと頭を下げて、頭が上がったときには目線がよそを向いているのです。

私は町田さんに、「頭を上げた後に一瞬でいいから私に目を合わせなさい」と指摘しました。何度かやってもなかなか直りませんでしたが、五回目の試験でようやく、礼をして頭を上げてピシッと私と目が合ったので合格としました。

「目を見て挨拶しなさい」というのは、就活中には誰もが指導を受けるでしょうし、それこそ子供の頃から言われていることです。したがって、挨拶の発声をするときには、気をつけて相手を見ます。しかし、「頭を上げた後も相手を見る」ということは案外不徹底なのです。町田さんもそうでした。「おはようございます」と挨拶をして頭を下げて、そしてそのまま相手を見ずに立ち去っていたのです。そのため、町田さんの上司たちは、「あの子は挨拶がぞんさいで困る」と見ていたのです。町田さんは声や表情が明るいだけに、よけいおじぎの後で目が合わないことが目立っていたのです。

町田さんには、「頭を上げた後のアイコンタクト」の徹底を指示しました。町田さんは職場でも気をつけたのでしょう。その後、町田さんの上司から、「町田は印象がよくなり、来客の応接は優先的に町田にさせています」と聞きました。

販売店でも飲食店でも、近年はこの「挨拶をして、おじぎをしてからのアイコンタクト」が徹底できているスタッフが少なくなりました。おじぎの後、こちらを向いていないのが感じられると、「もうあんたは金は払ったからさっさと帰れ」と言われているような気がします。

これは、職場でも同様です。おじぎをして、**頭を上げた後に相手を見ないと、「言いっぱなしで気持ちがない」と思われてしまう**のです。

［改善］

34 返事はもれなく軽やかに

――返事くらいしなければ相手にされない

「はいっ！」の役割

名前を呼ばれたら、「はいっ！」と返事をします。この「はいっ！」という返事には、

一．聞いています
二．わかります
三．やります

という三つの意味合いがあります。

「○○さん！」と呼ばれて、「はいっ！」と返事をする――これは、○○さんが「私はあなたが話すのを聞いています」「私はあなたが呼んでいるのがわかります」「私はこれからあなたが話すことを受け容れる用意ができています」という意思表示をしたことになります。

「○○さん！」と呼ばれる。○○さんの返事はない。すると呼んだ人はどう思うでしょうか。

① こいつ聞いていないな（聞いてんのかな？）
② こいつわかってないな（わかってんのかな？）

③　こいつやる気がないな（やってくれんのかな？）と心配になり、そして「こいつは自分のことが嫌いなんじゃないか」と疑い、「こいつには意欲がない、素直さがない」と不快になるのです。

挨拶と同様に返事も、したつもりでも相手に聞こえていなければ、していないのと同じです。聞こえていなければやはり相手の不興を買い、相手から疎まれることにます。ですから、**返事はもれなく、聞こえるように**しなければなりません。

返事をしないのは、挨拶をしないよりも罪深いことです。もちろん、挨拶をしないのはいけませんが、挨拶はこちらもしなければ相手もしない、という「お互いさま」の場合があります。また相手が誰かと話していたり、手が離せないときには黙礼ですませることもあります。

しかし返事は、相手から呼ばれたとき、ないしは相手から話を聞いているときにするものです。したがって、**相手はその応答を求めています**。それなのに返事をしないのは、相手を無視するか嫌っているか、のいずれかとしか理解されません。返事をしないということは、相手に宣戦布告をしているようなものなのです。

不安が不審に、そして排除に

返事は、ただすればいいというものではありません。返事の仕方が悪ければ、やはり相手を不快にさせます。

①返事はすぐにしなければいけない

「間髪入れず」と言うくらいで、相手から呼ばれたらそれに被せるくらいでもいいでしょう。自分が呼んでから相手が返事をするまでの間、呼んだ人は心配です。「この人は聞く気があるのだろうか？　言うことが理解できるだろうか？　しっかり受け入れてくれるだろうか？」と思っています。返事まで間があくと、その疑いが確信になります。

②返事は相手を向いてしなければいけない

職場でありがちなことですが、人から呼ばれても、作業を続けながら返事をする人がいます。書類やパソコンの画面から目を離さず、「はーい」とうるさそうに返事をする人がいますが、これは、相手を軽んじていると見なされます。あるいは、「本当は返事なんかしたくないけれど、仕方なくする」という意思表示になります（改善33参照）。

少なくとも、呼ばれた人のほうを向くこと。本来なら呼んだ人の前に早足で向かって改めて「はいっ！」と返事をするべきです。

③返事は軽やかにしなければいけない

「はぁーい」「うぉい」「うぃす」「あ？」などという返事は論外です。改善29でも述べましたが、明るい声で、心の中で「はい、よろこんで♪」というくらいのつもりで、声を出さなければなりません。

このときに、「はーい」とか、「はいー」などという返事は仕事ができなさそうに見えます。また、「はいはいー」などというのは調子がよすぎて小バカにされているように感じられます。「はいっ!」と短く、歯切れよくすることが肝要です。

④返事は聞いている途中でもしなければいけない

つまり、「あいづち(相槌)」です。こちらが説明したり指示しているときに、相手が無反応だと人は不安になりイラつきます。職場で指示を聞くとき、指導されているときなどは、声に出してあいづちを打たなければ、相手はあなたを信用しません。

⑤返事は誰にでもしなければいけない

上席者や社外の人に返事をするのはもちろんですが、あなたにとって目下に当たる人であっても、あなたは返事をしなければなりません。特に部下や後輩は、上席者を「信頼して大丈夫な人なのか」と、常に観察しています。目下の人が言うことにもきちんと返事をしてこそ、あなたは上席者でいられるのです。

このように、返事をしなければ、それもきちんとしなければ、あなたは相手から不安に思われ、不審がられ、そしていつの間にか、静かに排除されることになるのです。

［改善］

35 挨拶の回数だけは負けない

――挨拶はいっぱいやってようやく伝わる

一度でダメなら何度でも

私は、各地のシルバー人材センターで、話をさせていただくことがあります。そんな折に、「なぜ、シルバー人材センターがこの街に必要なのか？」という質問を投げかけることがあります。

返ってくる答えは、「高齢者に少しでも、現金収入があるように」「高齢者に社会参加の機会を与え、家に閉じこもりがちにならないように」「財政難の中、地方自治体の人件費を軽減するため」「社会福祉の一環として」「老人人口増加の受け皿として」といったようなものです。

私はいつもこう言います。

「みなさんはこの街の住民の年長者として、仕事をしている姿を見せることで、この街の人々に〝見せるしつけ〟をしていただきたいのです。みなさんが美しく元気に働いている姿を見せることが、この街の住民のお手本になるんです」

若い人に、高齢者が頑張っている姿を見せることで感銘を与えたり、あるいはその場面の風土を刷新することに貢献できます。高齢者が頑張ってくれていると、その姿勢を通して、もっと周囲へのよい影響を与えることができるのです。

たとえば、私の地元では駅の自転車置き場の管理は、シルバー人材センターの方たちがなさっています。暑い日も寒い日も、照る日も降る日も、毎朝六時前には持ち場に立っているのです。このことだけでも、私のようなずぼらな者は感心しますが、ここの高齢者たちは、誰もが必ず向こうから、「おはようございまーす」「いってらっしゃーい」と声をかけてくれるのです。

しかし、若い子たちはもちろん、いい歳をした大人でも、きちんと挨拶を返す人は多くありません。それでも自転車置き場の方たちは、自分から声をかけます。すると、高校生くらいの男の子が、「行ってきまーす」と小さい声ながらもしだいに挨拶をするようになります。こういう様子を見ていると、私はシルバー人材センターの方々が諦めずに声がけをしてくださることが、非常に有用な社会教育だ、と思うのです。これはよその土地でも同じです。だから、私はシルバー人材センターの役割は、「世直し」だと思っているのです。

これは一般の職場でも同じことです。挨拶が少ない職場、みんながかったるそうにしている職場、居心地が悪いというほどではないけれど、何となく覇気がない職場は、誰かが何度でも、自分から挨拶を発信していかなければ永遠にそのままです。

あなたが若手なら、まだおっちょこちょいが許されますから、**あなたが何度も何度も挨拶**をしてください。もしあなたが上席者、年長者だったら、あなたの責任で職場が変わるまで挨拶をしてください。どうせ働くなら、雰囲気のいい職場にしなければ損です。

一度で油断したらダメ

木村さんは食品会社の営業員です。小売店の回訪販促が木村さんの仕事です。入社八年目で、支店では古株の部類に入っていて、日々大きな支障もなく店回りをしていました。

木村さんの会社では営業を、バイヤーや担当者と商談をする「商談担当」と、木村さんのように直接店頭を回訪する「販促担当」にわけていました。木村さんが、販促担当として回っているAドラッグストアチェーンの商談担当は、木村さんの後輩でした。

ある日、木村さんがその後輩とたまたま二人で残業をしているとき、後輩が遠慮がちに話しかけてきました。

「木村さん、怒らないでくださいね。Aドラッグのバイヤーにこの間、文句を言われちゃったんです」。木村さんは意外でした。Aドラッグストアでの売上げは好調で、この前も大きめの特売商談が決まったばかりでした。木村さんは理由をたずねました。

「バイヤーが〝おたくの店回りの人、うちに来るのはいいんだけど、日によって態度が違うらしいんだよね。自分は一度会っただけだけど、各店の担当者がね、機嫌がいい日と悪い日がある人だって言うんだよ〟って言うんです。木村さん、何か思い当たります？」

後輩が、これだけのことを先輩である自分に言うのは、よほどの言われ方をしたのだろうと木村さんは思いました。「それは悪かった。充分気をつけるから勘弁してくれな」と答えるしかありませんでした。

実は木村さんは、入店時には挨拶はするものの、売場やバックヤードで再度すれ違った店員には、挨拶をせずにやり過ごしていたのでした。このことは、Aドラッグのバイヤーから後輩は聞いていました。

後輩の手前もあり、木村さんはその後、「何度も重ねて挨拶」と心がけています。後輩の諫言が奏功したのです。

挨拶は一度ですむものではありません。**同じ場所で複数回会ったとしても、そのつど何かしらのリプライをしなければ**、「あの人はこちらに挨拶がない」と思われてしまうのです。

そんなことを、年長者やベテランに指摘してくれる人はいません。一定以上の立場の人こそ、こうしたことを気にしなければなりません。

［改善］

36 迷わずに言ってみる

――考えている間にあなたは損をする

愛されてる自信がないならなおのこと

挨拶をするというのは、「私はあなたが好きです。少なくとも嫌いではありません」という意思表示です。だから、**挨拶をする人は安心できる**のです。しかし、それゆえに挨拶は照れくさいものでもあるのです。

相手が自分のことを嫌っていない、「相思相愛」であると確信できているなら、「私はあなたが好きです」と言ってしまっても問題はありません。しかし、相手がこちらをあまり好きではない、もしくは嫌っているとしたら、こちらから好意を示すことは何だかきまりが悪いものです。だから、挨拶することにためらいが起こるのです。

昔から、人とコミュニケーションをとるのが不得手な人はいました。私自身も一人っ子で育ち、かなり大きくなるまで、大人の陰に隠れて人見知りをする子供でした。そのうえ、不器用でどんくさい子供でしたから、周りからバカにされることもあったし、自分でも不器用な自分が嫌でした。

今風に言えば、「自己肯定感が欠落した子供」ということでしょう。そんな私が、「自信を持って自分から挨拶しなさい」と言うのはおかしな話かもしれませんが、私は自分が人間関係で無駄な損をしてきたからこそ、あえて「自分からアプローチして」と思います。

今の時代、どんなに立派な人でも優秀な人でも、「自分は、誰からも完璧に愛されている」と言い切れる人は少ないと思います。むしろ、そんなふうに本気で思っている人がいたら、傲慢だと思います。

したがって、「自分が相手に好意を見せたりしたら、空気が読めない奴だと思われるかもしれない」などとあなたは思う必要はないのです。「あなたは私を好きじゃないかもしれないけど、私はあなたを嫌いじゃないよ」くらいの気持ちで自分から声をかけるほうがよいのです。

まして、あなたが本当に、「周囲から好かれていないかもしれない。好かれている実感がない」と感じるのならなおさら、あなたから声をかけ、あなたから挨拶しなければなりません。そうでなければ、あなたの想像は事実に変わってしまいます。

「ああかしら、どうかしら」などと考えている間に、自分から「おはよう」と言ってしまうのです。迷うことに生産的意義はまったくないのです。

挨拶は遠慮しない

石川さんは製紙会社の営業員でした。ルートセールスで、代理店や小売店本部を回ります。ある日、課長と同行営業をすることになりました。その日は、石川さんの担当の中でも特に重点的な売り先である代理店三社と小売本部二社に、課長について来てもらいました。夕方会社に帰った後、石川さんは課長に呼ばれました。「石川君はいつもあんな感じなんか?」。石川さんは、「は? 何がでしょう?」とたずねました。課長はこう言いました。

「石川君は、今日ぼくと五社お客を回ったけど、君は先方でぼくより先に挨拶したことは一度もなかったな。ぼくは、今日は上司として君の得意先につき添いで行ったんやで? ぼくのお客に君がつき添いで行ったんと違うんやで。何で君の挨拶がぼくより遅れるねや?」。

確かにそうでした。石川さんが営業車を運転し、お客様の会社に着き、車を停めて課長と降りると、課長はずんずん歩いて行き、先方のドアを開けて、「お世話になります。○○製紙でございます! いつもありがとうございます!」と中に声をかけるのでした。

石川さんが、「課長が前に出られましたから、その後になってしまいました」と答えると、課長は、「何や、いつからぼくは君の露払いになったんや?」と声を荒げました。

恐縮する石川さんに、課長は言いました。

「ええか、ぼくらは石川君がいい社員やということを知っとる。今日行ったお客様かて、どこも君に悪意は持ったはらへん。けどな、自分のお客の前で、上司より挨拶が遅れるのは謙虚やのうて怠惰や。君がでしゃばるくらいに前へ出て、ぼくを先方に紹介せんといかんやないか。ぼくは、自分とこの部下が気弱だとか、気がきかないとか、無能だとか誤解されるのが一番悔しい」

たしかにそうでした。課長はもともとがよく売る営業員ですから、どんどん先方に飛び込んでいって話をこちらのペースに巻き込むのがうまい人です。若い石川さんは上得意に、しかも上司と行くという、それだけで緊張していたのです。それを課長は見抜いていました。

「今日は、石川君がお客といい関係を築いているということがようわかった。同時に君がここぞというときに前へ出るのが遅れがちやということもわかった。ええか、君は出遅れたらあかんのや。君は上司にもお客にも負けたらあかんのやで?」

石川さんは、やはりうちの課長は偉い人だなと改めて感心しました。課長の言葉をありがたく受け止めました。

「遠慮と貧乏、するものでなし」と言います。**挨拶を遠慮してはいけません**。前へ前へ出て行くことです。

「自分から挨拶」のまとめ

一．挨拶は本来、「目下から目上へ」「年少者から年長者へ」するもの。したがって、上席者や年長者には自分から挨拶をしなければならない。一方で、近年は挨拶の習慣自体が世の中で薄れている。上席者も年長者も、挨拶をされるのを待つのではなく、自分から挨拶をしなければ、職場から挨拶はなくなってしまう。

二．挨拶は、「自分は相手に敵意を持っていない」ということを形で示すものである。美しくはっきりとしなければ敬意は示せない。「立腰」の姿勢で表情も声も明るくしなければならない。

三．おじぎは「頭を下げる」のではなく、「胸を床に見せる」。

四．返事も挨拶に含まれる。返事ができない人は、「聞いていない」「わかっていない」「やる気がない」と見なされる。つまり、「反動分子」として扱われる。

五．「コミュニケーション論」をどんなに学んでも、挨拶ができない人は、そもそもコミュニケーション自体が開始しないので無駄になる。まずは、挨拶を実践しなければ、コミュニケーションスキルなど伸びるわけがない。

4章

「明るい笑顔」

［改善］

37 鏡を見て自分の笑顔を覚える

――思い出せない表情はできない

自分の笑った顔を覚えている

笑顔は周りの人を和やかにし、幸せな気持ちをもたらします。しかし、研修やセミナーで、「今この瞬間、自分の笑った顔を思い出せる人？」とたずねると、半分くらいしか手が挙がりません。笑ったことがないとか、自分の顔自体を思い出せない、というのではないのですが、意外と自分の表情を意識していないのです。

「笑顔でいたほうがいい」というのは、現代では当たり前のように言われますが、自分の笑った顔をイメージできなければ、笑顔はできません。

自分の笑顔のイメージが浮かばない人、または普段から笑い慣れていない人は、自分では笑ったつもりでも、うまく笑えていないことが少なくありません。よく「目が笑っていない」とか、「笑い方がウソっぽい」などと言われる人もいるし、「気持ち悪い」と言われてしまうこともあります。

正しく自分の笑顔を覚え、自然に笑えるようになるためには、鏡を見ながら笑い、**自分で**

自分の笑顔を頭に焼きつけるしかありません。フォームを確認しながら素振りをしたり、録音を確認しながらボイストレーニングをするのと同じです。客観視することが必要です。

そのためには、鏡を目の前に置き、次の通りに顔を動かします。

①鼻に顔の周辺の肉をギュッと寄せて絞り込む。五カウントする。
②両目を見開き、口を大きく開け、顔全体をパァーッと外側に広げる。五カウントする。
③この①の動きと②の動きを二回ずつ行なう。
④両手を両頰に当て、頰骨を持ち上げるようにして内回し五回、外回し五回、を二セット行なう。
⑤両頰を挟んだまま指を立てて、強めにおでこを揉む。指を押し込むようにかなり強く揉む。

ここで顔から手を放してみましょう。顔に血が流れている感じがすると思います。厳密に言えばリンパが流れているのですが、それだけ普段、顔が凝っていて、顔の血流が滞っているということです。それでは「笑え」と言われても、すんなり笑うことはできません。
顔を充分にほぐしたら、
⑥人差し指で両方の目じりをグッと引き下げる。
⑦親指で口の両端をグッと引き上げる。
⑧少し前歯を出す。

⑨そのまま十まで数えて固定する。
⑩手を放し、そのときの顔を鏡で見て覚える。

本当は顔のエクササイズは、もっといろいろな動きを採り入れるといいのですが、誰でもいつでもどこでも、短い時間でできるように簡略化しました。これをやってみると、徐々にすんなり自然に笑えるようになります。

案外、自分はいい顔だったりする

さて、①から⑩までを実際にやってみて、どうでしょう？　ご自分の顔は案外自分で思っているよりもさわやかではないでしょうか？　あなたは、そんなさわやかな表情ができる人なのです。その顔を普段見せていないとしたら、宝の持ち腐れです。

人は面白いとき、うれしいとき、楽しいとき、気分がいいときに笑います。問題はこの逆の場面です。つまらないとき、悲しいとき、苦しいとき、気がくさくさするときには笑えと言っても笑えません。

だから、「仕方がない」「自分は笑えない」と諦めてしまっているのではありませんか？　そもそも、自分は笑わなければならない仕事をしているわけではない、笑うことを求められる立場ではない、と思っているのではありませんか？　しかし、そうではありません。

あなたが給与所得者でも、個人事業主であっても、他人様からお金をもらって仕事をしている以上、官民を問わず、業種業態にかかわらず、あなたはしかるべきときには笑わなければなりません。それは最低限のミッションであり、マナーなのです。「私は笑えません」などと言うのは、「私は仕事ができません」と宣言しているのと同じです。

なぜなら、世間の中で仕事をしていくということは、周囲との和を保つことであり、そのために欠かせないのが笑顔だからです。

「笑うなんて物理的に無理」というのも間違いだということは、先の①から⑩を続けていけば、そうでないことがわかるでしょう。

あなたは、自分の笑った顔を知らなかったからそう思い込んでいたのです。つまらないとき、悲しいとき、苦しいとき、気がくさくさするときにも、**ニコッと笑って仕事ができてこそ、プロ**なのです。

本当は、第三者に顔を見てもらってトレーニングするのがもっとも効果的なのですが、これは誰にでも実践できることではありません。しかし、**鏡を見て自分で自分の笑顔を覚えこむ**ことは、誰にでもできます。

そして私の経験上、これを継続した人で、笑顔が改善されなかった人はいません。

鏡さえあれば、一分二十秒でできるエクササイズです。早速はじめましょう。

［改善］

38 一日五回練習する
――できないことは練習するしかない

毎日五回は笑い直す

「笑う練習をしましょう」と言うと、「朝、出勤前にやってみます」という人が多いのですが、私の感覚ではこれでは足りません。笑顔の練習は、

①出勤時
②昼休み
③午後真ん中
④夕方
⑤退勤時

の最低一日五回はしなければいけません。

出勤時に笑顔をチェックするのは、当たり前でしょう。一日のスタートである出勤時に暗い顔、かったるそうな顔をしていては、周囲によい影響を与えるわけがありません。そもそも、一日じゅう自分のテンションが必要以上に下がります。自動車通勤の人は車から降りる

前に、電車通勤の人は、家を出る前とオフィスに入る前に笑い直しましょう。家を出るときに笑い直しても、混んだ電車に揺られているうちに顔がきつくなってしまうからです。

朝に笑い直しても、午前中が終わると、どうしてもくたびれた顔になってしまいます。ですから、昼休みにも笑い直します。午前中のマイナスの気は昼休みのうちにリセットしてしまいましょう。

「午後真ん中」と「夕方」は、あえて時間をぼかしました。

「夕方」は、仕事が終わる一時間から一時間半ほど前とします。定時が五時半なら四時ないし四時半頃、実際のあがりが七時半頃なら六時ないし六時半頃に、一度しっかり笑い直しましょう。シフト勤務の方は、自分のあがりの時間の一時間前頃に一度笑い直します。

「昼休み」と「夕方」の中間の時間帯を「午後真ん中」とします。昼休みが交代制の場合、あるいは仕事のあがりが日によってばらつくときは、この「午後真ん中」は若干前後に移動します。たいていの職場では、昼休みから仕事のあがりまでの時間が最も長いはずですから、そのときに一度笑い直すことが必要です。

朝も夕方もムラなく振舞う

では、この「夕方」という時間帯はどういう時間帯でしょうか。業種、業態にかかわらず、最も危険な「魔の刻」なのです。

民間企業でも官公庁でも、一日の締めをしなければならない夕方は、最も忙しい時間帯です。外回りをしていた人たちは会社に戻り、事務処理や各種の始末をします。内勤の人も受発注の締めや、当日に処理しなければならない帳票を仕上げなければなりません。店頭に立つ人もお客がどっと押し寄せる繁忙時で電話もよく鳴る時間帯です。

しかも「夕方」は、朝から一日働いて心も体ももっともくたびれている時間帯です。ミスも粗相も起きやすいのです。官民ともに、あらゆる業種業態を総合して調べると、事故とクレームの約半分は「夕方」に集中していると言われます。どんな職場でも、「夕方」がもっとも怖いのです。

一番忙しくて一番くたびれている「夕方」に笑い直す、これは気持ちをシャキッとさせるためにも、サービスの質を落とさないためにも、大事なことなのです。

最後の「退勤時」、これには疑問がある人もいるかもしれません。「後はもう家に帰るだけなんだからどんな顔だっていいじゃないか」と思う人も多いでしょう。しかし、それは大きな油断なのです。退勤時に笑い直すのは以下の理由があります。

イ．自分のテンションを無駄に下げない

仕事終わりは、たしかにくたびれているでしょう。だからといって、暗くどんよりした態

度で会社を後にしたらどうでしょうか。「ウザイ、シンドイ、カッタルイ」のまま家に帰ってもリフレッシュはできません。そして「ウザイ、シンドイ、カッタルイ」気持ちを引きずって、また翌日も出勤しなければなりません。ハイテンションで帰る必要はありませんが、せめて落ち込まずに帰ることが自分のためになります。

ロ．同僚に嫌な空気を感じさせない

職場は帰れる人から帰っていきます。帰る人、まだ残る人の両方がいます。このときに先に帰る人が、「お疲れっしたぁ」とだるそうに帰っていったら、残っている人のやる気は削がれます。帰る人も明るく帰り、残る人も明るく送ることが、お互いの気分を明るくします。

ハ．家人に嫌な思いをさせない

男性も女性も、ご家族に嫌な顔を見せるのは失礼です。親御さんと同居している人は、仕事から帰ってくるたびに暗い顔を見せるのは親不孝です。子供がいる家庭では、親がいつも嫌そうな顔をして帰宅するのでは、子供が可哀想です。

ニ．職場の評判を無駄に下げない

近隣から見て、「嫌そうな顔をした人がゾロゾロ出てくる職場」は、官民問わず不審な感じを抱くはずです。もし顧客が通りかかったら、そんな職場を信用しません。せめて職場の周辺では嫌な顔をしないことです。

［改善］

39 ほほえみを維持する

――モチベーションが下がるのは顔が暗いから

ウソでも、笑えばその気になる

「作り笑いでも笑うのは精神衛生上いいことだ」というのは脳科学的にも常識となりました。

「作り笑い」と言うとマイナスイメージしか持たない人が多いでしょうが、職業人たるもの、作り笑いのひとつもうまくできなくてどうするのか、と私は思います。

不思議なもので、**笑ってしまうと、なかなか気持ちを後ろ向きにすることができません。**人はそこまで器用ではないからです。

逆に、試しに鏡を見て心底嫌な顔をして、以下の言葉を言ってみてください。

・「うざいなぁ、かったるいなぁ」
・「ふざけんなよ」
・「バカじゃねぇの？」
・「くったびれたなぁ」
・「できるわけないじゃん」

・「マジかよ?」

おそらく、非常にブルーな気分になったと思います。

今度は、やはり鏡の前で笑顔を作って自分の笑顔を見ながら同じセリフを言ってみてください。どうでしょう? 嫌な顔でつぶやいたときほどに、ブルーにはならないと思います。

笑っていると、マイナスの言葉を言ってもそんなに気持ちが後ろ向きにはならないのです。そして、だんだんマイナスの言葉が口から出なくなっていくのです。これは「脳が騙される」という状態ですが、難しいことはともかく、実際に笑顔でいると気持ちが前向きになってくるのです。

日常の仕事の場でも同様です。よく「マイナスの言葉を言わないようにしよう」と言われています。これはたしかに正しいことです。しかし人間というものは、わかっていても言わずにはいられないときもあるものです。言ってしまえばスッキリすることもあります。もし、どうしても**マイナスの言葉を言いたくなってしまったら、必ず笑顔を作ってから笑って言いましょう。**すると、言葉は後ろ向きでも気持ちはなぜか前向きになります。

和顔施を周りにも自分にも

仏教の教えに、「無財の七施(むざいのしちせ)」という言葉があります。財がない者にもできる七つの施しということですが、その中に「和顔施（わがんせ・わげんせ）」というものがあります。和やかな顔を人に見せ、見せた相手の心を和ませる施しです。

私がこの「和顔施」をもっとも強く感じたのは、東日本大震災後に、天皇陛下と皇后陛下の被災地の行幸啓《ぎょうこうけい》の報道を見たときです。皇后陛下が、被災者の方々に向かって微笑まれながら、いつまでも御手を振るのを見て、私は涙が止まりませんでした。これなど典型的な和顔施です。

嫌な顔をしている人を見て、心和むことはまずありません。ことに、上席者が不機嫌な顔をしているのは、無駄に風土を悪くします。

厳しい上司、真摯な上司、誠実な上司というのは好ましいものですが、不機嫌な上司というのは何ら生産的価値を生みません。

あるコンサルティング会社のA部長の事業部は、常に東京局で一番の売上げを叩き出しています。当然、A部長はたいてい機嫌がいい顔をしています。

二番手はB部長の事業部かC部長の事業部、他にもいくつか事業部がありますが、ビリはだいたいD部長の事業部の指定席です。

成績が悪いからきつい顔になるのか、きつい顔だから成績が上がらないのか、D部長はいつもきつい顔をしています。売上げが厳しいのにニコニコしていられるのは、よほどの人格者か鈍感かです。どちらでもないD部長の顔は、どうしてもきつくなります。

これはもともとのD部長の気性もあるのでしょうが、D部長の言うことはネガティブで執拗で堂々巡りで、数分聞いていると気がクサクサしてしまいます。そのうえ顔が険しいので、D部長の部下たちは出勤すること自体が苦痛です。D部長の顔を見るのが嫌で、何かと言い訳を作って外出したり、仮病を使っての遅刻や早退も頻繁にあります。三年続けて新卒が辞めました。そんなことでは、成績が上がるはずもありません。

そしてとうとう、D部長自身が倒れました。しかしD部長が三ヵ月入院している間の事業部の売上げは順調でした。D部長は、もう自分の存在意義がわからなくなって、そのまま休職してしまいました。

D部長はマネジメントが不得手だった、と言えばそれまでです。しかし、D部長と他の部長たちとの一番の差異は笑えるか笑えないか、だったのです。部長クラスの中では実は、D部長は他の人たちよりも「切れ者」と見なされていました。しかし周りに笑えなかったことで周囲も自分も追い込んでしまったのです。

若いうちから「きつくても笑っていられる」人になっておかないと、上席にのぼったとき、職責が厳しくなったときにはなお笑えなくなります。自分にも周りにも和顔施をしましょう。

［改善］

40 指示・命令は笑顔で受ける
――相手を心配させたら次の仕事は来ない

仕事は、どうせなら好きな人に任せたい

島野さんは、化学メーカーの開発部門の課長です。島野さんの課は、主に研究所から上がってきたデータを解析したり、マーケティング分析用の資料を加工することをメインにしています。

部下は十一人いますが、その中で島野さんがよく仕事を任せるのは五人、残りの人にはどうしても手が足りないとき以外は、仕事を頼むことはしません。島野さんもマネージャーですから、部下に均等に仕事を配分しなければならないことは重々承知しています。しかし、どうしても、気に入った五人以外には頼む気がしないのです。

島野さんが「気に入らない」六人は、けっして能力が低いわけではありません。仕事を与えればそれなりにこなすし、ミスが多いわけでも時間がかかりすぎるわけでもありません。しかし島野さんは、どうしてもこの六人に直接指示を出したくないのです。

理由はただひとつです。この六人は笑わないのです。正確に言うと、課長である島野さんが指示を出すと、ふて腐れたような顔つきに見えるのです。もちろん、島野さんはこの六人がふて腐れているのではないことはわかっています。しかし、お気に入りの五人と比べると、明らかに表情が暗いのです。それでついつい、「はいっ、すぐやります！」と笑ってやってくれる人を選んでしまうのです。

島野さんの部署は、一日の大半はパソコンに向かい、対人折衝が比較的少ない部署です。そのため、顧客に直接関わる営業などの部署の社員に比べて社交性に欠ける人もいます。そんな中でも、十一人いるうち「気に入りの五人」と「好かない六人」にどうしてもわかれてしまうのです。

島野さんも、そんな自分の傾向をよいこととは思っていないので、「好かない六人」にも働きかけようとするのですが、やはりうまくいきません。結局、「気に入りの五名」がどんどん仕事をこなしますから、残りの六名より査定が上がります。基礎査定も島野さんがするため、どうしても「気に入りの五人」のほうが査定がよくなります。こうして島野さんの課は、「できる人」と「できない人」がくっきりとわかれてしまったのです。

マネージャーの行動としては、島野さんは落第です。私情を挟まず、公平に部下を指導し、評価するのがマネージャーのミッションだからです。しかし、「指示を笑顔で受けるかどうか」というのは、このように上司を惑わせる大きな要因なのです。

マネージャーとしての島野さんは責められなければなりませんが、人間としての島野さんには同情せざるを得ません。誰だって「嫌そうな奴」に仕事を任せたくはないからです。

「無愛想な人」は人前に出せない

システムエンジニアの派遣会社に勤める井川さんは、経験十年を超える優秀な技術者です。しかし、もう二ヵ月も仕事にあぶれています。

井川さんのようなエンジニアは、出向先がないときは、内勤で社内の仕事をしたり、資格試験の勉強をしていますが、さすがに二ヵ月も仕事がないと居心地も悪くて不安です。

営業が持ってくる案件は、どんな条件のものでも断らずに受けようとは思っているのですが、肝心の営業がなかなか井川さんに案件を持ってこないのです。実は、営業担当者の中では井川さんの評価は高くなかったからです。

井川さんは、一言で言うと「笑えない人」なのです。営業が案件を取ってきて、出向予定のクライアントに打合わせに出向くと、「できれば、あの人以外でお願いしたい」と先方から断りがきてしまうのです。営業としては、井川さんにそのことを伝えて井川さんに改善を促さなければならないのですが、営業担当者も目先の売上げが第一ですから、ついつい受けがいい技術者に案件を流し、そのままにしてしまいます。

井川さんにも自分の技術の高さや資格の多さ、これまでの実績への自負がありますから、まさか自分の「見た目」が問題で、出向先がなかなか決まらないとは夢にも思っていません。そんなわけで、もう二ヵ月もお茶を挽いているのです。

「技術者は腕があればいい」というのは間違いです。技術に大きな差がないのなら、少なくとも問題にならない程度の技術ならば、感じのいい人に頼もうというのが人情だからです。技術は高いに越したことはありませんが、実際には、現場で必要な技術を持っていれば、あとは**気持ちいい人かどうかが採用基準**となります。

営業担当者にしても同様です。技術的なクレームは対処のしようがありますが、派遣エンジニアの雰囲気に関するクレームは、すぐには解決できません。ですから、井川さんのような人は紹介しにくいのです。会社の評判にかかわるからです。

島野さんのところの「好かれない六人」も井川さんも、「笑えない（笑わない）」ということで、無駄な損をしているのです。

職業人としては、自分が知らないところで、自分の思いもよらないことでマイナスの評価を受けることもある、ということは覚えておくべきです。まして、「表情が暗い」などということで損をするのはもったいないとしか言えません。

［改善］

41 疲れたときにはあえて笑おう

——疲れた顔は無能の証明

マイナスの表情を出すという幼さ

新人研修をしていると、ときに嫌そうな表情を見せる人がいます。講師である私に反発しているわけではないのですが、課題がきつかったり面倒だったりすると、表情が明らかに嫌そうになってしまうのです。課題はきちんとこなすし、私に対して失礼な応対をすることはないので、悪気がないことはわかります。しかし、仕事とはいえ、こういう表情をされると気分はよくありません。

誰しも、くたびれると表情が硬く暗くなるのは当然の反応です。しかし、それはプロの仕《し》儀《ぎ》ではありません。もし、あなたが閉店間際に店に入って、販売員に露骨に舌打ちをされたらどうでしょうか。あなたは怒りませんか？　わざわざ時間を作って観に行った芝居が、俳優の機嫌が悪くて不出来だったらどうですか。あなたは何の不満も持たないでしょうか？　あなたは間違いなく怒るはずです。あなたがくたびれた顔を人前で見せるというのは、このくらい悪いことなのです。

新入社員だって、給与が発生している以上はプロのはしくれです。研修も業務の一環です。研修費用は会社から支払われています。

地方公務員の場合は、地方公務員法で研修を受けることが義務づけられており、中央官庁でも行政団体でも、職員は一定の業務研修を経て入職することが法令で定められています。つまり、公務員にとって研修受講は公務です。

新入社員には、組織の風土刷新の原動力となることが求められています。従来の職場に「新しい風を吹き込む」ことが、新入社員の第一のミッションなのです。研修の課題が面倒なくらいで嫌な顔を見せるようでは、先が思いやられます。ですから私は、新人研修では、多少ぞんざいな振舞いがあっても目こぼしをしますが、嫌そうな顔を見せた人は厳しく叱ります。

それでも、新入社員はまだ罪が軽いと言えます。知らない、慣れていないという言い訳が当面通用するからです。もっと始末が悪いのは、社会に出て何年も経つ、それなりの修羅場も乗り越えてきたはずの人たちが、嫌そうな顔を人前で見せることです。これは本人の評価を下げるばかりでなく、周囲に悪影響をおよぼします。嫌な顔を見せるなど「ガキ」のすること、いい歳をした大人がするなどというのは、罪深いことです。

「ガキ」と、悪い言葉をあえて使いましたが、「しつけのできていない幼子」を表わす言葉で、「ガキ」より悪い表現を知らないのでこうしました。**嫌だから嫌な顔をするなんて「ガキ」**

でしかありません。

いざというとき頼りになる人、ならない人

私が新卒のときに勤めていた会社の最初の上司たちは、思えばいつも笑顔でした。もちろん、ついこの前までボンクラ大学生だった私にとっては、厳しくて怖い人たちでした。でも、笑った顔しか今は思い出せないのです。

元の職場のことを云々するのはルール違反ですが、当時の私がいた部門は新規事業部門で、上司たちは売上げを立てるのに非常に苦労していました。私自身も営業でしたが、小僧の私が担当するのは微々たるもの、上司たちの担当数字は大きく、プレッシャーは半端ではなかったと思います。会社や得意先、業界の愚痴を漏らしていることもありました。しかし、それでも、笑った顔しか思い出せないのです。

考えてみれば、当時の上司たちは今の私くらいか、あるいはもっと若かったはずです。今の私が、あの頃の上司たちのように仕事ができるとは思えず、改めて「すごい人たちだったなぁ」と思います。ですから若い私は、上司たちに全幅の信頼を置いていました。おっかない人たちでしたが、頼りになる人たちだと思っていました。

さてあなたは、いざというときにも笑うことができていますか？「困った、困った」と言

いながら、本当に困った顔をしていませんか？　だとしたら部下はついてきません。**大変だというときにも、ニコッと笑って「やれるやれる！」と言ってくれる**から、仕事がきつくてもその気になれるのです。ハードスケジュールでお互い明らかに疲れているときでも、上司が笑って、「頑張りや」と言ってくれるから部下は耐えられるのです。

一度「頼りない」と思われてしまった上司は、その後、部下や後輩の信頼を回復することは容易なことではありません。この「頼りない」というのは、「嫌なときに嫌な顔をする」というようなつまらないことでも、感じられてしまいます。疲れたときに疲れた顔をするというのは、

- 対応力が低い
- 自己管理ができない
- 根気がない
- 幼い
- 責任感が弱い

とアピールしているようなものであり、自分の無力を宣伝しているようなものです。

上司の立場の人も部下の立場の人も、自分の無力をわざわざ知らせるようなことはすべきではありません。

［改善］

42 怖い人、面倒な人にこそ笑いかける
――いっそ相手に飛び込んでしまえ

本当に怖い人は、実はそんなにいない

いわゆる「強面（こわもて）」と言われる人がいます。見た目が厳《いか》ついというか、何しろ、おっかなそうな人です。あるいは、顔自体は怖そうなわけではないものの、周囲から「おっかない」と評判の人もいます。うっかりしたことを言ったらとてつもなく怒られそうで、つい遠巻きにしてしまうような人です。

ところがこういう人は、いざこちらから飛び込んでしまうと、そんなに怖い人ではないことが多いのです。むしろ気さくないいおじさん、おもしろいおばさんであることが少なくないのです。

厄介そうに見える人には、まずニコッと笑って、「お世話になります！　よろしくお願いします！」と言ってみるのです。それで、凄まれたり怒られたりすることはまずありませんから、安心してやってみることです。

このときに、**絶対に笑顔**でなければなりません。厳つい人、怖そうな人というのは、普段

から何となく避けられているのを自覚していますから、おっかなびっくり近づいてきている人を瞬時に嗅ぎ分けます。自分に対してオドオドするような相手に、心を開くことができる人は、なかなかいません。必ず笑顔で接することです。

公務員の方々の研修を多くさせていただいて思うのですが、公務員の方には「面倒そうな人を避ける」という傾向がまだ見受けられます。商売人の場合、どんな相手でも接客しなければいけませんから、怖そうな人にも笑って話しかけられる人が比較的多いのです。しかし、役所の窓口の人は、面倒そうな人が来たときは積極的に応対しないという人が残念ながら少なくありません。サービスという点では不合格です。

官民、業種業態を問わず、どんな人であっても笑いかけることができなければ、仕事はスタートしません。ことに**一見おっかなそうな人には、なおのこと笑顔でこちらから声がけをしなければいけません**。

上司というのは、案外孤独なものです。部下同士は仲間意識で動くことができますが、上司は下をリードしなければならないため、どうしても孤独な立場になりがちです。

そんな上司にあなたがニコッと笑いかけることができれば、上司はどれだけ救われるかわかりません。たとえ、自分とそりが合わない上司でも、挨拶と世間話くらいは笑ってできる度量の大きさが部下にも必要です。

先に笑ったほうが優位に立つ

桑田さんは食品メーカーの営業員です。まだ社歴は十年足らずですが、年齢や立場の割には、かなりいい成績を上げています。これまでに二回転勤し、今は三ヵ所目の支店にいますが、それまでの職場でもいい成績を上げてきました。営業所長か課長に抜擢されるのも、そう遠くないでしょう。

上司たちも桑田さんの営業成績がいいことから、若い営業員には「桑田を見習え！」と重ねて言います。しかし後輩たちは、何をどうまねたら桑田さんのような成績が上げられるのかわかりません。なので桑田さんは、上司から若い営業員と同行するよう頼まれます。

後輩の武藤さんが、ある日桑田さんに同行を頼みました。行き先はA商事という、業界でも有名な「めんどくさい」卸店でした。武藤さんはA商事を担当していましたが、商談日には胃痛や吐き気がするくらい、A商事に行くのが嫌で仕方がないのです。今回はA商事でも一番苦手なバイヤーと話をしなければなりません。そこで、武藤さんは桑田さんについてきてもらったのでした。

当日、桑田さんは武藤さんと一緒にA商事に出向きました。約束の時間に商談室に通され、例のバイヤーが入ってきました。バイヤーの顔が見えたか見えないかという瞬間、桑田さんは満面の笑みでバイヤーの目の前に飛んでいきました。そして、「武藤の上司の桑田と申します！　今日はお目にかかれまして本当にありがとうございます！」と、まるで好きなアイドルに対面したかのように、はしゃいで挨拶をするのです。そして、終始笑いながらバイヤーとどんどん話を進めてしまうのです。いつの間にか、七五〇〇ケースの商談がまとまっていました。二千万円を超える商いです。

武藤さんは夢でも見ているようでした。帰りの車の中で、「もう何が起きたのかわかりません」と気が抜けたようでした。桑田さんは答えました。

「俺、すぐに笑っちゃっただろ？　だからバイヤーも笑うしかなくなっちゃったんだよ。そしたらあとはもうこっちのペースじゃんか？」

「そんなもんだろうか？」と武藤さんは思いましたが、桑田さんの営業成績のよさや、さっき見た魔法のような商談を思い返し、やっぱりそうなんだろうな、と考え直しました。

桑田さんは肝が太いわけではありません。むしろ対人折衝が苦手だと自分では思っています。そんな桑田さんは、世の中で生きていくためには、**「相手より先に笑って、自分のペースに引っ張り込んでしまう」**ということが自分に必要だと考えたのです。

たいていの場面では、**先に笑顔を見せたほうが勝ち**ます。桑田さんもそう言っていましたが、私自身の経験からもそう思います。

［改善］

43 自然にいつでもニコニコ笑顔
——笑い慣れていないと笑えない

機能は使わない部分から衰える

左右どちらかの手を前に出して、中指に人差し指を重ねてください。たいていの人はできると思います。次に中指を人差し指に重ねてみてください。これもできるでしょう。

今度はどちらの足でもいいので、やはり前に出してください。そして同じように足の人差し指を中指に重ねてみてください。どうでしょう？　できる人は少ないと思います。私はできません。同様に足の中指を人差し指に重ねてみてください。これも難しいと思います。

これはどういうことか。人の身体は、**普段使っていない部分の機能は衰えてしまう**、ということです。普段から足指の一本一本を意識的に動かしている人ならともかく、足の指を自在に動かせる人は少ないでしょう。それは使っていないからです。

顔には大小五十六の筋肉があります。このうち、特に表情に影響する筋肉を、表情筋と呼びますが、表情筋だけでなく、すべての顔面の筋肉がスムーズに動くようにしておかなければ、笑え、と言われてもすぐに笑えません。

改善37で簡単なエクササイズの方法をご紹介しましたが、これだけではなく、普段から「顔をきちんと使う」ということを意識して振舞いましょう。

「人は足腰から弱る」と言われますが、上半身については特に高齢者の場合、呼吸能力と嚥下《えんげ》能力（ものを飲み込む力）の低下が懸念されます。呼吸することと嚥下することが上手にできなくなると、誤嚥性肺炎を起こして命を落とすこともあるし、そもそも身体機能全体が衰えます。

顔の筋肉を鍛えておくと、呼吸能力と嚥下能力の衰えを防ぐことができます。つまり、見た目の美しさをアップさせるだけでなく、生きていくための根源的な機能強化にもつながります。高齢者だけでなく、子供も若者も息をすること、ものを食べることはするのですから、やはり鍛えておく必要はあります。

「自分は健康で器用だから、やろうと思えばできる」というのは非科学的な発想です。身体機能がもともと高い人は、病気やケガをしても機能の落ち込みは小さいですが、普段から鍛えていない人は、アクシデントがあると一気に機能が低下します。表情も同様です。

作り笑いにしか見えない人

安田さんは二十代の女性で、中学校で英語を教えています。今回はじめてクラス担任を持ちましたが、どうも生徒からも保護者からも評判がよくないのです。思春期の難しい時期の生徒に対しては、指導力が強く求められます。そのうえ、安田さんには致命的な欠陥があったのです。

安田さんは笑えない人なのです。正確に言うと、「笑っても感じがよくない人」だったのです。安田さん自身は職場では努めて快活に振舞っているし、けっして暗い人ではありません。しかし、笑ってもさわやかではないのです。人をバカにしたような、それでいて卑屈なような、何ともいえない笑い方になってしまうのです。これが、生徒にも保護者にも癇に障るのでした。

私は、安田さんの上司である教頭先生が知人だったことから、安田さんについて相談を受けました。

私は安田さんと会う機会を作ってもらいました。教頭から相談を受けたことは隠して、別の話題でしばらく話をしてみました。安田さんはいい人だとは思うのですが、たしかに笑い顔が小バカにしているような感じがします。教頭から事前に話を聞いていたので頭にはきませんでしたが、もし初対面でこんな表情をされたら不愉快になったに違いありません。

まわりくどい言い方はしてはいけないと思い、私は、「先生、あなた笑い慣れていないんじゃないですか？　先生の笑顔は硬くてつまらなそうな感じがしますよ？」と率直に言いました。安田さんは自覚していないようでした。しかし賢い人ですから、「それならば練習して改善します」と言いました。

二週間ほど経って、私はその教頭先生と会いました。安田さんはどうなったかをたずねました。「少しは変化があるような気もするけれど、まだ大きく改善はされていない」とのことでした。私は授業研究の一環として、安田さんの普段の授業をビデオ撮影して、改善できるよう具体的に指摘すべきだと伝えました。

早速、教頭先生は英語科担当教員の勉強会を開くように提案し、安田さんの授業を撮影して、その様子を見ながら教頭も混じって勉強会をしました。安田さん自身も、自分の授業をはじめて客観的に見ました。そして、安田さんは言いました。「私は、普段こんな顔をしているんでしょうか?」。自分の授業の様子を見て、はじめて安田さんは、自分が嫌そうな顔をしていることに気がついたのです。

人は気をつけていれば、表情や言葉遣い、姿勢などは整えられるものです。しかし、自分の「見た目」がそんなに悪いと思っていない人は、深刻に改善しなければとは思わないのです。だから、練習したり一時的に意識しても、結局は変わらないのです。

自分の普段の姿を、写真でも、動画でも人からの指摘でもいいから観察し、知っておきましょう。そうでないと、あなたは知らずしらずのうちに損をしている怖れがあります。

［改善］

44 笑い続けると福が来る
——笑えない人は会社をも潰す

笑顔は福を呼び、邪気は福をはじく

近年、「引き寄せ」という言葉があちこちで言われるようになっていますが、スピリチュアルな要素を差し引いても、この「引き寄せ」というのは妥当性が高いと言えます。

簡単に言えば、**好かれる人には人が寄ってくる**ということです。八方美人はいつか排除されるし、万人から愛されることはあり得ません。しかし、人から好かれる人には多くの人が寄ってくるのです。

私たちは、世間様の恩恵で仕事をし続けることができます。したがって、人が寄ってこないことには仕事になりません。いわゆる「開店休業」の状態になるのは、人が寄ってこない、ということです。

この人に頼めば安心だ、この人は儲けを呼びそうだ、という人には仕事が寄ってきます。逆にこの人は心配だ、この人では儲かりそうにないという人には仕事は寄ってきません。

自動販売機でコカ・コーラを百二十円で売っているとします。同じ自動販売機で、同じ量

で、どこのものかわからない「〇〇コーラ」を、やはり百二十円で売っているとします。あなたはどちらを買いますか？

この質問をすると、だいたい十人に九人は、「コカ・コーラを買います」と答えます。「〇〇コーラを試してみます」というチャレンジャーは十人にひとりいるかどうかです。これはどういうことか。「人は、百円そこそこの買い物でも〝これで大丈夫かしら？〟と心配し〝これで大丈夫だ〟と判断したうえで購買する」ということです。

百円そこそこの買い物でも、人は瞬時に多くの分析を行なって、可否を判断するのです。ましてや多額の買い物をする、信用買いをする、あるいは人を信用する、人に依頼する、というときには、心配な相手は避けます。雰囲気の悪い会社には福は来ず、会社も傾くのです。**人を判断するとき、見た目でもっともわかりやすいのは笑顔であるかどうか**、です。笑っている人を見ると、「この人で大丈夫だ」と思います。そして、そういう人に仕事は巡ってきます。つまり**笑顔でいるということは、「儲けを呼ぶ力がある」ということ**です。

いつだってどこだって夢は見られる

田川さんは地元の学校を出て、地元の企業に就職しました。将来も地元でそのまま暮らすとばかり思っていました。

田川さんが入社して三年後、会社が大阪に営業所を出すことになりました。大阪営業所には五名が行くことになり、若手の田川さんもメンバーに入れられました。「まあ何年かおれば、また帰れるやろ」と、大阪に出て行きました。

地元ではそこそこの優良企業でしたが、大阪ではまだ田川さんの会社の商品は知られていませんでした。ゼロからの販路開拓でした。田川さんは地元の会社に入って地元で安穏と暮らすつもりでしたから、まさか自分がこんな苦労をするとは思いませんでした。故郷の海山を思い、夜の大阪港で涙を流したこともあります。

大阪で二年が過ぎました。ようやく販売も軌道に乗ってきて、市場にも少しずつ田川さんの会社は食い込んでいきました。そんな頃、東京に支店ができることになり、田川さんは横浜の営業所に移りました。「何年かすれば帰れる」という目論見は崩れましたが、田川さんはひたすら働きました。北関東にも販路を拡大すべく、三年後には宇都宮に移りました。田川さんは三十になっていました。もう田川さんは泣きませんでした。

宇都宮で結婚した後名古屋に異動になり、田川さんは課長になりました。その後、広島支店を経て大阪支社に異動。このときは部長になっていました。そして田川さんは五十六歳になり、今は東京営業統括本部長として活躍しています。

とうとう「地元の会社で安穏と働いて暮らす」という若い頃の田川さんのささやかな夢は

かないませんでした。しかし、田川さんは不幸ではなかったと言います。

「たしかに、思いもよらないサラリーマン人生でした。会社を恨んだこともあったし、辞めようと思ったこともあった。でも、結局は幸せになった。それはね、笑って働いたからなんですよ。故郷が好きでしたからね、若い頃は何度も泣きました。でもね、泣いても状況は変わらなかったし、翌日も仕事をしなければいけなかった。だから笑って会社に行こうと思ったんです。それを続けていたら、いつの間にか三十年経っちゃったんですね」

そして田川さんは言いました。「結局ね、**笑っていればどこでだって夢は見られる**んですよ」。

実は田川さんは、私にとって大恩のある人物です。私が今日あるのも、田川さんがいたからです。私は田川さんの笑顔しか知らないのですが、実はさんざん泣いてきて、結局は笑うしかないと悟った人だったのです。

仕事をしていれば、悲しいこともあるでしょう。むしろ宮仕えは、悲しいことの連続かもしれません。しかし、**笑い続けた人は幸せになる**のだということを、田川さんが私に示してくれました。このことをあなたにも忘れずにいて欲しいものです。

［改善］

45 バカ笑いせず高笑い

——元気になる笑い声、不快感を与える笑い声

人の心をイラつかせる笑い声

「笑う」ということには、表情だけでなく「笑い声」が伴います。表情がよくても笑い声が下品だったり、人に不快感を与えているとすれば、上手に笑えているとは言えません。

日本語で笑い声を表記するときは、「はひふへほ」を多く使いますが、「ははは」「ふふふ」「ほほほ」はいいとして、「ひひひ」は品がありません。芝居のセリフでも、「ひひひ」と笑うのはたいてい悪役です。「ひひひ」と笑うのはやはり明るくない、品がないということでしょう。仕事上では「論外」と考えるべきです。

「へへへ」も、あまりよい笑い方ではありません。「へへへ」と笑う場面は、嘲笑、相手を尊重していない、自信を持っていない、慢心、自嘲などが想像されます。上品で誠実とは思われません。やはり、オフィシャルな場面では好ましくありません。

声のトーンも、笑い声の快不快に影響します。

私が電車に乗っていて一番不快なのは、混雑でも空調でもなく、「バカ笑い」です。これは、

若い人にも見受けられますが、特に中高年の男女に多く見られます。酔っ払いもそうですが、シラフのグループでも車内でゲラゲラ笑っている集団は、癇に障ります。「話すな、笑うな、黙想せよ」とまでは言いませんが、公共交通の車内でのバカ笑いにぶつかると、本当にその日は災難だと思います。

宴会やレクリエーションなどの場で、はしゃいで楽しむのは大いに結構なことですが、日常の仕事の場でバカ笑いする人はやはり不快です。卑屈な笑い方をされるのも気持ちがいいものではありませんが、仕事中に呵呵大笑《かかたいしょう》されるのは癇に障ります。

笑い声というのは自然に出るものですから、これを練習するのは難しいことですが、少なくとも、

・「ひひひ」「へへへ」と笑わない
・仕事中や公共の場で大声で笑わない

ということだけは、守って欲しいものです。

笑い方には品性が表われる

藤井さんは事務職の女性社員です。仕事もそれなりにできる人ですが、藤井さんが職場に貢献しているのは、その笑い声によるところが大きいのです。

す。藤井さんに何か用事を頼むと、「はい、わかりました（♪ウフフ♪）」とちょっと笑うのです。藤井さんに用事をしてもらい、お礼を言うと、「いえ、こちらこそありがとうございます（♪ウフフ♪）」とちょっと笑うのです。

この「ウフフ♪」が普通の人にはなかなか難しいのです。マネをして他の人がやってみても、「卑屈」「だらしない」「幼い」「媚を売っている」「バカにしている」ように見えてしまうのです。

しかし、藤井さんがやると幸せ感が伝わります。よろこんで仕事をしている、というやる気と素直さがにじみ出てくるのです。だから、職場の人は老若男女を問わず、藤井さんの「ウフフ♪」に救われています。

木村さんは不動産販売会社の営業所長です。高価な商材を売り続けなければならないハードな営業の業界ですから、スタッフは日々苦労しています。木村さんもそれはよくわかっているので、スタッフのやる気が削がれないようにすることを、いつも心がけています。

木村さんは、「せめて自分だけは大いに笑おう」と考えました。ですから、売上げが上がったスタッフに対しては、「よしよし、今日はよかったな、ガハハハ！」、成績が振るわないスタッフには、「大丈夫、大丈夫、明日は売れるさ、ガハハハ！」と笑い飛ばすのです。スタッフはこの「ガハハハ！」で気持ちが救われるのです。

現場を知らない人、裏づけとなる実績がない人、自分が汗を流していない人に、「ガハハハ！」と笑われたらイラッとするでしょう。しかし、木村さんは成績優秀で全社的に有名な人だったし、営業所に閉じこもっている人ではなく、あちこち飛び回っていましたから、担当スタッフよりもずっと市場にくわしい人でした。ですから木村さんの「ガハハハ！」は本当にスタッフを安心させたのです。

どんな笑い方をしても好かれる人は好かれて、嫌われる人は嫌われる、と言ってしまうと身も蓋もありません。しかし、これは事実です。自然に笑って周囲に不快感を与えることなく雰囲気をよくできる人は、そもそもの人間性が優れていると言えます。

すぐに優れた人になるのは難しいことです。一朝一夕の振舞いでは、周囲の評価は固まりません。これはもう、**笑い声が好ましい人の笑い方と、普段の振舞いをまねて、自分もその人に近づく**しかありません。できないことは、できている人のまねをするというのが、実は一番プラクティカルだからです。

［改善］

46 相手を一万円札だと思って笑う

──そのくらい相手を大事に思っているか？

あなたを養ってくれているのは誰か

「あなたを養ってくれているのは誰か？」、こう質問をすると、あなたは「自分です」と答えるでしょう。自分で働いて、自分で稼いでいる人が「自分です」と言うのは間違いではありません。

では、質問を替えましょう。「あなたに稼がせてくれている人は誰ですか？」。こうたずね直すと多くの人は、「お客様です」と答えます。「では、あなたのお客様は誰ですか？」。するとやはり大多数が「取引先です」と答えます。

あなたが士業や個人事業主で、取引先から支払われるギャラがそのままあなたの収入になるのなら、これは正解です。しかし、あなたが給与所得者である場合は、違います。

あなたを養ってくれているのは会社です。公務員の方ならば、あなたがいる組織です。会社があなたに給与を支払い、あなたは養われているのです。取引先というのはその会社のお客様であり、あなたのお客様のお客様です。だから、あなたは取引先を大事にしなければならないのです。

言い方を替えましょう。あなたという「労働資本」を気に入って購入し、使い続けてくれているのは誰でしょうか？

会社ではありませんか？　仮に、あなたを田中一郎さんとしましょう。田中一郎という労働力のメリットを気に入って購入（採用）したのは、今働いている会社であり、田中一郎という人物がここで必要だから、田中一郎は雇用され続けているのです。

これは事実です。とするならば、自分の生計を支えてくれる会社に、あなたは商売人として微笑みかけなければならないのではありませんか？

会社というのは法人なので、当然、会社に微笑みかけることはできません。とするならば、会社という法人を構成している経営者、上司、先輩、同僚、後輩、パート、アルバイトの**すべてをあなたのお客様と見なし、あなたは笑いかけなければなりません。**

こう言うと、「自分は人一倍の働きをして、会社を儲けさせている。会社こそ自分をもっと大事に扱うべきだ」「営業である自分が稼いでくるから、会社の連中は食っていける。だから、周りは自分をもっと大切に扱うべきだ」「自分は部下を牽引し、部門を成立させている。だから部下が私に笑いかけるのは当たり前で、私はそれを受ける立場である」といった反論をする人が、少なくありません。

では、こういう人たちに質問します。あなたが「養っている」という部下や他部門の人たちがいなくて、あなたは稼ぐことができるのですか？　あなたは彼らなしで今のように働けるのですか？

そうでないなら、あなたを養ってくれているのは、社内（組織内）のすべての人であることを自覚すべきです。

大事な相手になぜ笑えないのか？

山下さんは、ある会社の地方の支店で働いていました。月に一回の支店会議には本社から担当部長が来ます。支店ではその部長のことを、「どや？のオッサン」と呼んでいました。

「どや？のオッサン」は支店に来ると、支店長から順番に社員の席を回り、一人ひとり肩を叩いてニコッと笑って「どや？」と訊いていくのでした。だから、「どや？」のオッサンです。山下さんのような若い社員にも、「どや？」と言って帰るのでした。

別に激励されたわけでも、ものすごく優しくされた、というわけでもないのですが、山下さんは「どや？のオッサン」が来ると、何だか元気になるのです。

この支店には山下さんは同期がいなくて、普段からさびしく思っていました。また、入社後すぐに支店に配属になった山下さんは、自分は本社から見てもらえていないのではないか、と思うことがありました。そんな中、「どや？のオッサン」は、山下さんには大きな慰めと励ましになったのです。

実は、「どや？のオッサン」には信念がありました。それは、「うちの会社がやっていけているのは、地方で頑張ってくれている社員たちのおかげだ。だから、この社員たちをひとりたりとも辞めさせてはならない。自分が少しでも目配りをしなければ」というものでした。そんなわけで、「どや？のオッサン」は、厳しいことも面倒なことも言う人でしたが、なぜか愛されていました。

昔風に言えば「ニコポン（ニコッと笑って肩をポンと叩く）上司」ということですが、これは今の時代でも有効なのです。上に立つ人は、どうか「どや？のオッサン」を見習って欲しいものだと思います。

当然のことながら、部下、後輩の立場の人にも笑いかけなければなりません。あなたに「日々の一万円札」をもたらしてくれるのは、あなたの周りにいる人なのですから。

お金だと思って好意を示す、というのは下品だと思う人がいるかもしれません。あるいは、前時代的、封建的だと思う人がいるかもしれません。しかしあなたが生きていられるのは、あなたに一万円札をもたらしてくれる人々がいるからです。これは間違いありません。

［改善］

47 声を明るくするために笑う

——あなたはそこまで器用ではないから

暗い顔で明るい声は出せない

「声は明るいほうがいい」というのは改善3でも述べましたが、明るい声を出すためには、表情を明るくしなければできません。

昔、俳優の竹中直人さんが、テレビのバラエティ番組で、「笑いながら怒る人」という芸をやっていました。私も試しにやってみようとしましたが、表情に声がつられて、できません。顔で笑いながら怒り声を出すというのは非常に難しいものです。

脳の中でどのように神経がつながっているのかわかりませんが、表情と声のトーンというのはつながっています。表情が笑っていると声も明るくなり、表情が硬かったり暗かったりすると、声も沈みます。したがって、**声のトーンを常に明るく保つためには、笑顔を保っていなければなりません。**

あなたの周りにも表情が暗い人、明るさに欠ける人はいませんか？　その人の話す声を思い出してみてください。きっと、どんよりとした声だと思います。こういう人は、声そのものの出し方を知らないということもありますが、表情が暗いから、明るい声を出せないのです。表情が先か、声が先かは卵とニワトリのようなものですが、いずれにせよ、**表情が暗い人は明るい声を出すことはできにくい**のです（もちろん、トレーニングを積んだ役者は別です）。

改善1から12で、声はきちんと出さなければならない、ということは、おわかりいただけたはずです。職業人として人と接するなら、いつでも明るい声が出せなければなりません。笑顔がすんなり出てこなければ、明るい声も出せない、ということを覚えておいてください。

電話の相手にも笑う

これも改善3で述べたことですが、電話の相手にも笑って話をしなければなりません。

電話は、声だけで情報と気持ちの両方を相手に伝えなければなりません。したがって、声に気をつけなければならないのですが、このときに表情が暗かったり硬かったりすると、自然と声まで暗く硬くなってしまうものです。

飯塚さんは電話営業の神様でした。四十数年受話器を持ち続け、かつては一セット数十万円もするような百科事典を、一ヵ月で二百セットも売ったこともある、凄腕の女性でした。

七十を越えてからも飯塚さんの勢いは衰えませんでした。飯塚さんが電話をかけている様子は、傍で見ていて惚れぼれするほどでした。「買ってください」というときは「哀願」の表情、購入が決まったときは「感謝」、相手に対して粗相があったときは「悔恨」と「謝罪」、どうしても勧めたい案件があるときは「懸命」「入魂」、相手に慶事があったときには「喝采」と「歓喜」と、まるで老練な舞台女優のエチュードを観ているかのようでした。

心底そういう気持ちでいなければ電話の相手には伝わらない、というのが飯塚さんの信念でした。口先だけでマニュアルどおりのトークを続けても、相手は聞いてくれません。

平日の昼間に家で仕事をしていて、うっかり電話に出ると、面倒な営業電話であることがあります。テレアポを仕事としている人ですから、トークは一応できています。しかし、電話の向こうの相手に誠意を感じることは滅多にありません。そもそも、私がそういう電話を迷惑に思っていて、しかもその商品に興味がなく財布に余分なお金もない、ということもありますが、営業電話で「買っちゃおう」と思ったことは、これまでに一度もありません。

飯塚さんは、そういうことをよくわかっていました。電話の向こうの相手は目に見えないこちらの姿を、表情を、心意気を電話の声で感じているのです。どんなに饒舌であっても声を作っても、お金を払う人は相手の誠意を探ります。飯塚さんは電話の向こうのお客様に、自分の誠意を疑われることを怖れていました。

気持ちを整えるというのは難しいことです。たとえば、「積極的な人になろう」と決心しても、積極的な行動をとらなければ永遠に積極的な人になることはありません。だから、「お客様に誠意を示そう」と考えているだけで実際の行動が伴わなければ、永遠にお客様に誠意は伝わらないのです。

しつこく言いますが、電話では声だけしか伝わりません。したがって、ひと声ひと声を精一杯出さなければなりません。そのためには、表情や姿勢が、その意図する気持ちのようにできていなければ、気持ちを声に表わすことはできないのです。

飯塚さんは数年前、体調を崩して突然亡くなりました。飯塚さんは亡くなる三日前まで出勤して電話をかけ続けていました。すでに体調は芳しくなかったのですが、飯塚さんは太陽のように笑って電話をかけていました。

その日、私はたまたま飯塚さんの職場にいたのですが、飯塚さんは私に「長谷川先生、笑わないと明るい声は出せないのよ?」と言いました。私もこういう仕事をしていますから、それは頭では重々わかっていましたが、今は飯塚さんの遺言だと思って、改めてひとりでも多くの人にわかって欲しいと願っています。

［改善］

48 「笑顔はしたない」という発想を排除する

——「三年片頬《さんねんかたふ》」なんてウソ

ばあちゃんも許してくれる

何年か前ですが、福岡で新人研修を担当しました。そのときに佐賀県の会社から参加した若い男性があまりに笑わないので、「あなたはもっと笑いなさい」と言いました。そうしたらその人は真顔で、「『男は人前で笑うもんじゃなか』って死んだばあちゃんに言われました」と言うのです。まだこういう九州男児がいるのだ、と感心したものでした。

九州男児に限らず、昔は男は人前で笑うものではない、笑顔など見せると小人《しょうじん》に見える、などと言ったようです。「三年片頬」が武士のたしなみであり、侍たるもの、三年に一度、片方の頬がピクッと動くくらいでちょうどいいということです。特にかつての、薩摩を中心とした九州南部では、昭和以降も、「日に片頬（ひにかたふ）」としつけられたようです。新渡戸稲造の『武士道』もこれに言及しています。

私はその人に言いました。「あなたは九州男児だけあって、シャープな顔立ちのいい男だから、笑わないと怖く見える。それはあなたにとって幸せなことではない。あなたはあなたのよさを、もっと世間にアピールしなきゃいけない。もっと笑っていいです。それは死んだばあちゃんだって絶対に許してくれます。あなたが元気に働いていれば、おばあちゃんはよろこびます。笑って働きなさい」と重ねて言いました。本当にその人は、シャープなイケメンでしたので、真剣に伝えました。

武士（もののふ）が人前で笑うものではないというのは、無闇に感情を表に出すのは恥ずかしいこと、状況がいかなることになっても、泰然と粛々とやるべきことをこなしなさい、という教えだと私は理解しています。だから、マイナスの気持ちになったときにマイナスの感情を露にしてはならない、というのはわかります。しかし、**プラスの心持ちのときにプラスの感情を表に出すのは悪いことではない**はずです。

孔子も、もし現代のビジネスマンにコンサルティングすれば、そのように言うのではないかと私は思っています。

福岡での新人研修から三年ほど経って、私は別の機会に佐賀の青年に会いました。笑ってくれました。もともとがいい男ですから、一層さわやかでした。私は、「あなた、笑い顔を表に出すようにしてよかったでしょ？」とたずねたら、「はい、嫁にいつもあんたはステキやて言われます」と言っていました。やはり笑顔は福を呼ぶのです。

強固な信念を持って、「自分は人前では笑わない」と決心している人に無理強いはしませんが、世の多くの職業人は、しかるべきときには笑顔を見せたほうがいいと私は思います。

むっつりしているほうが恥ずかしい

嫌なときに嫌そうな顔をするのもいけませんが、むっつりしているというのも、実はよろしくないのです。無表情であるということは、

- 「私はあなたに関心がありません」という**無関心**
- 「私はあなたの言っていることがよくわかりません」という**無能さ**
- 「私はあなたの存在に意義を感じていません」という**否定**
- 「私はあなたの好意を感じていません」という**拒絶**
- 「私はあなたを大事に思っていません」という**軽視**
- 「私はあなたの意図を感じ取る気がありません」という**無気力**
- 「私は空気が読めません」という**ソーシャルスキルの低さ**
- 「私は真剣ではありません」という**だらしなさ**

をアピールしているのと同じだからです。冒頭から重ねて述べてきましたが、あなた自身にそのつもりがなくても、他人からそう見られたらそれが事実なのです。

あなたが笑うことに抵抗があるとしたら、それはなぜでしょう。冷静でいるということは、

今の時代でも尊いことですが、右に挙げたように、実は無表情でいるほうが、少なくとも仕事のうえでは恥ずかしいことなのです。

万一、「無闇に笑ったりしたら自分の格が下がる」と思っている人がいるとしたら、それは傲慢というものです。ちょっと笑顔を見せたくらいで下がる権威なんて、真の権威ではありません。どっちみち、別の理由でそんなちっぽけな権威は失墜します。

若い人であっても同様です。「笑ったりすると何だか上位者に尻尾を振っているようで自分のプライドが許さない」、などと思っている人がいたとしたら、それもやはり傲慢です。本当に力がある人は、笑顔を見せても媚びているとは思われません。軽い奴だとも思われません。力がない人が笑わないでいれば、「可愛げのない奴だ」と思われるだけです。

人は楽しいときに笑います。面白いときに笑います。うれしいときに笑います。気分がいいときに笑います。笑って仕事をしているということは、仕事によろこびを感じているということです。感謝しているということです。仕事を楽しんでいるということです。そんな人を、人は応援せずにいられなくなります。

「明るい笑顔」のまとめ

一．普段笑顔が見せられない人、スムーズにニコッと笑えない人は多くの場合、自分の笑顔をよく覚えていない。自分の笑顔のイメージをしっかり覚えるためには、鏡を見ながら日々練習することが有効である。

二．笑顔で仕事をすると、「やる気」と「自信」が感じられるので、周囲は気持ちがよい。逆に、笑顔を見せられない人は意欲が低いか能力が低いと判断される。笑えないのは損であり、周りを無駄に不安にさせる。

三．個人も組織も、雰囲気が悪いと意欲が低下する。意欲が低下すれば組織はダメになる。笑顔でい続けるということは組織を守る行動である。また、笑顔は個人の心も救う。

四．笑顔を見せてはならないのは、お詫びのときとお悔やみのときだけ。それ以外は笑顔でいていい。

五．老若男女、役職等級にかかわらず、笑顔でいるということは誰にでもできる職場貢献。儲けたい、稼ぎたい、幸せになりたい、と思うなら、職場をよくするために、自分の心持ちをよくするために笑顔で振舞い、福を呼ぶことが必要。

まとめ
――これまで、なぜ改善できなかったのか～あなたが悪いのではなく、やり方が悪かった

行動改善目標は「グタイテキニ」

何かをしようというときに、たとえば「できるだけ頑張ってやります」とか、「積極的に行動し相手を思いやって接します」といった表現をする人が少なくありません。しかし、こんな言葉は決意ではなく、何の役にも立ちません。

計画を立てる時点で、「グタイテキニ」やらなければ、行動は絶対実現しません。

グ　具現化する

細かく描写する。たとえば「積極的に振舞う」ではなく、「朝、これまでより三十分早く出社し、朝礼までに事務をすませ、九時半までには営業に出られるように準備する」くらいのレベルで表現します。

タ　達成可能

「小さな目標を立てる」ということではなく、そのことが実現するためには、どのようなプロセスが必要かを明確にする。

イ　意欲が湧く

メリットが明確でないことに人は力を注ぐことはできません。自分の得にならないことをしようという気は起きません。自分が損をしても誰かの役に立つのなら頑張れますが、誰もよろこばないことに意欲は湧かないものです。

テ　定量化

数字で表現されないことは目安にならないので、どれだけ頑張ったらいいかがわかりません。なので、力を入れることができません。

キ　期限を決める

いつまでにやらなければならないのかゴールを決めないと人は、絶対に急ぎません。またいつまで頑張ればいいのかがわからなければ、人は精神的に絶望します。

ニ　日課にする

何かを決意しても三日坊主では役に立ちません。また、「たまにやる」というのも有用ではありません。やるべきことは日課にしなければいけません。

これは、ブライアン・トレーシーの「ＳＭＡＲＴの法則」を日本式にアレンジしたものですが、これまで、あなたが何かをしようとして、それが成果をあげるに至らなかったのは「グタイテキニ」ができていなかったからです。

朝起は　なる程妙な徳がある　してみぬ人はこれもわからず（長松日扇上人）

紙に書き、宣言する

改善内容は紙に書いて表わさないと実現することはできません。頭で思っているだけでなく、紙に書かなくてはいけません。なおかつ、それを周囲にも宣言しなければいけません。旧来、わが国では「不言実行」が美徳とされてきました。「言わぬが花」という感覚もあって、何かをするときには自分だけの心に秘めて動き出し、粛々と成果を出すことがよい、とされてきました。しかし、私たちはそんなに心が強くはありません。また決意を表に出さないということは卑怯でもあります。

「有言不実行」を廃し「言行一致」となるように、決意は紙に明示し、周囲にも宣言することです。そうすれば周囲が監視してくれますから効果も出やすいものです。あなたは何か改善を決意しても、これまで人に言わなかったのではありませんか？　だから続かなかったのです。

You cannot make an omelet without breaking eggs.
（玉子を割らねばオムレツは作れない）

自己都合でやり方を変えない

「今日は忙しいから」「今日は雨だから」「今日は疲れているから」「今日は突発の用事が入ったから」「昨日頑張ったから」「明日、倍やるから」「みんなはやっていないから」「自分はそれほどでもないから」――このような言葉が出てくると、改善は実現しません。何が何でもやる、そしてそれを続ける、という実践が必要です。その時々の都合や気分によって、手抜きやムラがあっては効果測定ができません。したがって、効果が感じられません。だから、あなたはいつか改善に飽きてしまっていたのです。

効果測定はその日のうちにしましょう。人は一晩寝ると前日のことはおぼろげになってしまいます。だから、振り返りはその日のうちにしなければなりません。また週単位、月単位で集計しましょう。

それにあたっては、巻末の「自分日報」「自分週報」「自分月報」を用いるとよいでしょう。表にして表わすと、自分の行動の成果が如実にわかります。だからこそやる気にもなるし、改善点も見えてくるのです。

ある行動を二千時間やると、人はその行動に慣れるとされます。一万時間やると忘れないと言います。宮本武蔵は、「千日の稽古を鍛といい、万日の稽古を錬となす」と言いましたが、実際にはそこまではかからないようです。しかし、続けなければ効果は実感できないということに違いありません。

つとむればきらひもやがて好（すき）となる　好をするのがたのしみとなる（長松日扇上人）

プラスのスパイラルが止まらない

物事は不思議なもので、何かひとつうまくいくと、それに合わせて他のこともスルスルと解決していくようになります。逆に何かひとつつまずくと、それに引きずられ、他のこともうまくいかなくなってしまいがちです。ですから一つひとつの行動がうまくいくように、瑣事もおろそかにしないことが大事です。

本書の改善1から48を徹底して実践しましょう。そうすると、他のことも同時進行で改善されていきます。そして状況が好転します。状況が好転するとやる気が出ます。やる気が出ると、また頑張ることができます。頑張れば成果が上がります。同時に、よりいっそう環境がよくなります。するとまたやる気が出て、また新たな改良がスタートします。**プラスのスパイラルが止まらなくなるの**です。

昔風に言えば、**あなたがあなた自身で、あなたに福を呼ぶ**のです。福はあなたが招かなければやって来ません。

えんにふれ心のうつるものなれば　あしきたはむれ　せぬものぞかし　（脇坂義堂）
出世をばせむと思へば身をつめて　よき事にのみ心うつせよ（同）

「自分週報」の使い方

２２１ページに「自分週報」のフォーマットがあります。この使い方を説明します。

１．五十二枚、つまり一年分コピーする。Ｂ５でもよいがＡ４のほうが見やすいし書きやすい。２１４ページで、「ある行動を二千時間やると、人はその行動に慣れる」と述べたが、一日八時間労働とすれば二千時間は二五〇日でクリアする。つまり、年間の就労日数に近いものとなるので、まずは一年間は続けて欲しい。

２．毎週日曜日の就寝までに、「今週の重点改善」を四項目書いておく。原則として「大きな声で」「きびきび行動」「自分から挨拶」「明るい笑顔」のカテゴリーから、それぞれひとつずつ選択する。（２２０ページの記入例参照）

３．毎日就寝までに、「今週の重点改善」のその日の実行状況を二、三行程度で記入する。このときに「グタイテキ」表現を意識すること。「今日はよくできた」「なかなかできなかった」のように一言で終わらせることのないように。また何日分も溜めず、毎日その日のうちに記入すること。

4. 一週間実践したら、その週の状況を振り返り、「次週の改良目標」を考える。そして翌週の「今週の改善目標」に反映させる。その週に改善が実感できなかったものを、引き続き翌週の「今週の改善目標」としてもいいし、別の項目に変えてもいい。

5. 総合評価は百点満点で自己採点する。厳密なものでなく感覚的な点数でいい。おおまかな目安としては、

一〇〇点―完璧。一点の漏れもなし。
八〇点 ―非常によい。周囲と比べて格段によい。
六〇点 ―及第レベル。自分なりには意識して続けられた。
四〇点 ―問題はなかったが、意識的に動けてはいなかった。
二〇点 ―明らかに改良の余地大で、指摘も受けた。
〇点 ―まったくやっていない。

くらいでいいでしょう。四〇点のものは六〇点台を、六〇点のものは八〇点台を、八〇点のものは一〇〇点を目指しましょう。

書くことは考えること、考えることはわかること、わかることはできること、できることは楽になること、楽になることはうれしくなることにつながってきます。ですから頭の中で反省するだけでなく、ぜひ**毎日、ご自分の手で記入**して欲しいのです。

人間の心というのは、すぐに変化するものではありません。しかし行動は、変えたその日から変わります。そのことを**記録することで自分の励みになり**、モチベーションが永続しやすくなるのです。

「自分月報」の使い方

毎週「自分週報」をつけて、一ヵ月経ったら「自分月報」にまとめましょう。「自分月報」のフォーマットは223ページにあります。

人間の成長は大きくわけると、

- いいところを伸ばす
- できないことをできるようにする

の二通りです。したがって、自分自身を成長させようとするときは、自分のいいところとよくないところの両方を知らなければなりません（これは、部下や後輩を指導育成するときも同様）。「今月の成果」（伸ばすべきよいところ）と「今月の反省」（改善すべき悪いところ）を両方列挙し、そのうえで翌月どう動いていくかを考察します。

「成果」も「反省」も五項目ずつあります。必ず両方とも五個ずつ埋めてください。

「反省」は書けるけれど「成果」が書けない人がいます。こういう人は、謙虚で自分に厳しいとも言えます。しかし私はそうは見ません。行動には必ず結果が伴うものです。すぐに目の覚めるような大きな効果が感じられなかったとしても、小さなことでも「よくなったこと」はあるはずなのです。その「よくなったこと」に気づかなければ「いいところを伸ばす」ことはできません。

逆に、「成果」は書けるけれど「反省」が書けない人は、図々しいとまでは言いませんが、自分に甘いか、観察力が低いと思われます。大きな悪は小さな悪の集合体ですから、小さな悪でもそれを記録し、小さいうちに潰してしまうことが肝要です。

そんなわけですから、「成果」も「反省」も必ず五項目ずつ記入してください。

自分月報は月末日、もしくは毎月一日に前月分の記入をして下さい。「週報」が月をまたぐ場合は、その週の「週報」は翌月の集計に回します。

「週報」は五十二週間、つまり一年間は続けますから、「月報」のフォーマットも一年間、十二枚をあらかじめコピーしておいてください。

なお、「週報」も「月報」もパソコンではなく「手書き」で記入することをお勧めします。手でものを書くと、パソコンで打つよりも三割以上多く脳を活性化させると言われています。自分の潜在意識の中に「行動四原則」を浸透させるためにも、できれば手書きで書いたほうがいいと思います。

（例）　　　　　　　自分週報　平成○○年　5月　18日～　5月　24日

今週の重点改善

1. 明るい声を出す（改善3）

2. 仕度はしっかりしておく（改善16）

3. 立腰の姿勢で挨拶する（改善27）

4. 疲れたときにあえて笑う（改善41）

18日（月）	週明けなので忙しくて疲れた。表情は夕方には暗かったかも。姿勢は正しくできたと思う。明日の準備はきちんとできた。
19日（火）	前日の段取りがよかったので回訪はスムーズにできた。今日も明日の段取りと仕度はきちんとしておこう。声を確認できていない。明日は要注意。
20日（水）	一日忙しくて明日の会議の準備が手つかず。今日は回訪時の声を特に意識して気をつけた。××商事の○○課長が機嫌がよかったので、こちらも明るく振舞えた。
21日（木）	一日会議。午後になって姿勢が崩れてきたと実感。まだ立腰が体にしみこんでいないと思う。内勤のときの姿勢にも気をつけなければ。
22日（金）	昨日会議が入ってしまったので今日は一日忙しかった。週末ということもあり、提出しなければいけない書類が次々出てきて本当にくたびれた。笑顔を意識していたけれどもできていたかどうか。
23日（土）	午前中に来週の回訪予定を確認。本当は昨日のうちにできていればよかったけれども、今日やってしまったからよしとしよう。
24日（日）	朝からフットサル、その後反省会で飲む。楽しかった。自然と笑顔も明るい声も出た。明日からもこの調子でいこう。

次週の改良目標：挨拶をもっと美しくしよう。段取りを徹底しよう

総合評価　　　68　点

自分週報　　平成　　年　　月　　日～　　月　　日

今週の重点改善

1.

2.

3.

4.

日（月）	
日（火）	
日（水）	
日（木）	
日（金）	
日（土）	
日（日）	

次週の改良目標：

総合評価　　　　　　　点

（例）　　　　　　　　　　　　　　自分月報　　　平成　○○年　○○月

今月の成果

1．声について、以前より聞き返されることが減ったと思う。特に工場や現場に出向いたときの会話が自分でもスムーズに進むようになったように感じる。語尾まではっきり話しているのがいいのだろう。

2．動きについて、早足、小走りを励行した。

3．挨拶について、改善30の「胸を床に見せるおじぎ」を心がけた。八割方このおじぎができていると思う。

4．笑顔について、改善38の「一日五回練習」は毎日徹底できた。

5．今月は全体に意識的に改善項目を実行できたと思う。これが継続できればなおいい。

今月の反省

1．まだ発音が滑らかでないと自分でも思う。発音練習が必要だ。

2．予定外のことが起こるとどうしてもスケジュールが押してしまう。ある程度は仕方がないことなのだが、スケジュールのずれ幅を縮めたい。

3．挨拶そのものは徹底できるようになった。あとはさわやかさを向上させることだ。

4．練習しているが、自分で笑えているという実感がまだあまりない。

5．全体的に、やることには慣れた。でも成果がまだ実感できていない。

来月の課題

1．自然に笑えていると感じられるレベルになろう。

2．スケジュールのずれ幅を小さくしよう。

3．発音をもっとよくしよう。

自分月報　　平成　　年　　月

今月の成果

1．

2．

3．

4．

5．

今月の反省

1．

2．

3．

4．

5．

来月の課題

1．

2．

3．

著者略歴

長谷川孝幸（はせがわ たかゆき）

風土刷新コンサルタント・失敗回避アドバイザー・日本ほめる達人協会特別認定講師
昭和46年東京生まれ。学習院大学経済学部卒業。大手トイレタリーメーカー、市場コンサルティング会社、研修受託会社勤務を経て、平成19年よりオフィスハセガワ主宰。
「ダメ社員」として苦しんだ自らの会社員時代の経験を基に、職業人として損をしないための行動改善・セルフマネジメントの発想と手法を、延べ40000名以上に直接指導。民間企業のみならず官公庁、地方公共団体、医療機関、教育機関などからもオファーを受け、「よくわかる」「すぐわかる」「必ず役に立つ」研修として定評がある。受講者アンケートの評価では「受けてよかった」が常時98%以上、企業・団体からの一年以内のリピートは80%を超える。

オフィスハセガワ　ホームページ　http://www.office-hase.com/

“仕事で損をしない人”になるための48の行動改善

平成25年 3 月21日　初版発行
平成30年10月 1 日　2刷発行

著　者——長谷川孝幸

発行者——中島治久

発行所——同文舘出版株式会社

東京都千代田区神田神保町 1-41　〒101-0051
電話　営業 03(3294)1801　編集 03(3294)1802
振替　00100-8-42935　http://www.dobunkan.co.jp

 ISBN978-4-495-52231-5
印刷／製本：萩原印刷　Printed in Japan 2013
